Edwy Plenel

L'Appel à la vigilance

Face à l'extrême droite

La Découverte

Conception graphique de la couverture : Valérie Gautier
Composé par DV Arts Graphiques à Saint-Nazaire
Dépot légal : mars 2023

Si vous désirez être tenu régulièrement informé de nos parutions, il vous suffit de vous abonner à notre lettre d'information sur notre site

www.editionsladecouverte.fr

ISBN 978-2-348-07883-5

34, rue des Bourdonnais, 75001 Paris.

À Lydia Flem,
en mémoire de Maurice Olender

« On ne discute pas recettes de cuisine
avec des anthropophages. »

Jean-Pierre Vernant

1.

Que nous est-il arrivé ?

Au pays qui s'honore d'avoir déclaré les droits de l'homme, la haine de l'homme a désormais pignon sur rue et micro ouvert.

Amplifiées par la rumeur numérique des réseaux sociaux, il ne se passe pas une journée sans que la stigmatisation, la discrimination ou l'exclusion d'êtres humains à raison de leur origine, de leur religion ou de leur couleur de peau ne trouvent matière à s'exprimer sans freins ni masques.

Fantasmés, en bloc et en masse, comme une communauté indistincte, dangereuse par essence, menaçante et envahissante, les musulmans sont la cible ordinaire et emblématique de ce racisme restauré et assumé. Mais ils n'en sont que le bouc émissaire principal, première poupée gigogne dans laquelle s'emboîtent les autres sujets de ressentiment – Arabes,

Africains, réfugiés, migrants et exilés –, tandis que rôde, toujours en embuscade, l'antisémitisme.

La nouveauté n'est pas l'existence de préjugés xénophobes ou d'opinions racistes, qui n'ont jamais totalement disparu, pas plus que les actes criminels qu'ils ont inspirés, notamment dans les années 1970. L'inédit, c'est leur légitimation dans l'espace et le débat publics, la circulation des idées et la diffusion des opinions, par le détour d'émissions de télévision et de radio, d'interventions médiatiques de figures intellectuelles, de prises de position de personnalités notables des milieux littéraires.

Faisant peser son hypothèque sur la vie politique française depuis maintenant quarante ans – les premiers succès électoraux de l'extrême droite remontent à 1983 –, le Front national hier, le Rassemblement national aujourd'hui peuvent d'autant plus se permettre d'arrondir les angles, de jouer les notables et de passer pour responsables, que d'autres font le travail à leur place, installant à demeure le climat et le terreau favorables au renouveau des idéologies de l'inégalité naturelle. Des idéologies qui, on ne le répétera jamais assez, font le tri des humains selon leur origine, leur croyance, leur apparence, leur sexe ou leur genre.

Ce n'est plus aux marges, dans les conversations de café du commerce ou dans les délires de groupuscules nazillons, que s'exprime aujourd'hui, en France, l'appel à se débarrasser d'une partie de ses habitants, non seulement en exigeant d'eux qu'ils s'invisibilisent mais aussi en réclamant qu'ils partent. Dans les deux cas, version douce ou solution forte, qu'ils disparaissent. Non, c'est bien au cœur du système médiatique, politique et économique, qu'ont désormais droit de cité les idéologies identitaires fondées sur la haine obsessionnelle de l'Autre.

À celles et ceux qui en doutaient, par inconscience ou par indifférence, ce basculement fut amplement démontré par la candidature présidentielle d'un journaliste et pamphlétaire, Éric Zemmour, venu de la gauche nationale-républicaine, passé par le service public audiovisuel et installé dans le journal de référence de la droite. La promotion et le soutien que lui ont apportés les médias possédés par le milliardaire Vincent Bolloré, quatorzième fortune française et trois cent seizième fortune mondiale, figure de l'establishment capitalistique et interlocuteur du pouvoir présidentiel, ont confirmé cette normalisation de discours qui violent les valeurs démocratiques les plus élémentaires.

Or c'est ainsi qu'adviennent les fascismes, quels qu'en soient les avatars selon les circonstances, les pays ou les époques : non par une fatalité qui découlerait du contexte économique et social, mais par une accoutumance idéologique à leurs passions mortifères, autoritaires et inégalitaires. À cette aune, la situation française ne peut qu'inquiéter : loin de susciter une réprobation unanime et une mobilisation massive des responsables politiques, parmi les gouvernants et dans les partis qui se disent attachés à l'égalité des droits, cette fascisation accélérée est sous-estimée ou tolérée, dans un mélange de complaisance et de complicité. Quand elle n'est pas relativisée au plus haut niveau de l'État, où l'on préfère s'alarmer d'un « séparatisme » réduit à ceux-là mêmes que l'extrême droite désigne à la vindicte, des associations musulmanes aux militants écologistes, en passant par les mouvements féministes et les mobilisations antiracistes.

Ce livre interroge ce renoncement, en remontant le fil de sa longue durée.

Quand avons-nous baissé la garde ? Quelle est la responsabilité des journalistes et des intellectuels dans cette débâcle ? Comment, au nom de la liberté de dire, de tout dire, y compris le pire et l'abject, la scène médiatique est-elle devenue le terrain de jeu d'idées et d'opinions piétinant les principes démocratiques fondamentaux, droits collectifs et libertés individuelles ?

Autant de questions qui animent cette quête dont un souvenir est le guide.

C'était il y a trente ans. Le temps d'une génération. La durée d'une régression. Mais ce me semble pourtant une lueur qui, au lointain, brille encore face à l'urgence des périls. L'horizon d'un espoir et d'un sursaut.

Le 13 juillet 1993, un «Appel à la vigilance», signé par quarante figures de la vie intellectuelle française et européenne, alertait dans le quotidien *Le Monde* sur la banalisation des discours d'extrême droite dans l'espace éditorial et médiatique. Ses signataires rappelaient que ces discours «ne sont pas simplement des idées parmi d'autres, mais des incitations à l'exclusion, à la violence, au crime» et que, pour cette raison, «ils menacent tout à la fois la démocratie et les vies humaines». En conséquence, ils proclamaient s'engager «à refuser toute collaboration à des revues, des ouvrages collectifs, des émissions de radio et de télévision, des colloques dirigés ou organisés par des personnes dont les liens avec l'extrême droite seraient attestés»[1].

Avec le recul, cet appel prend la stature d'une prophétie, ayant tôt appelé à conjurer ce qu'il nous faut aujourd'hui combattre: l'installation à demeure dans l'espace public des idéologies xénophobes, racistes, identitaires, rendant acceptables et fréquentables les

1. Le texte intégral de l'appel, avec la liste complète de ses premiers signataires, est en annexe, p. 121. Les références des lectures, livres et archives, qui ont nourri ce livre sont réunies p. 125.

forces politiques qui promeuvent la discrimination des altérités, la stigmatisation des minorités, l'inégalité des droits, la hiérarchie des humanités.

Trente ans ont passé, et nous n'avons que trop tardé à entendre cette alarme.

2.

« Les hommes naissent et demeurent libres et égaux en droits. »

L'article premier de la Déclaration des droits de l'homme et du citoyen de 1789 affirme à la face du monde et pour l'éternité l'égalité naturelle des êtres humains. Cette proclamation est un événement qui ne s'achèvera jamais. Pour les gardiens des ordres immuables, elle est un scandale sans fin. Pour les chercheurs d'espoirs nouveaux, elle est une promesse inépuisable. L'affrontement n'est pas seulement d'hier. Plus que jamais, il est d'aujourd'hui.

Portés par le souffle inaugural de la Révolution française, ses initiateurs n'imaginaient pas les tempêtes qui se lèveraient dans son sillage.

Car ce n'était pas seulement s'engager sur la voie qui allait mettre à bas les anciens régimes des rois et des nobles, des hérédités et des castes, des serfs et des esclaves, où la naissance vous assignait à vie. C'était ouvrir à l'infini l'horizon des émancipations dans un mouvement permanent et universel, sans cesse renouvelé et renaissant sous toutes les latitudes, qui allait se dresser jusqu'à nos jours contre toutes les entraves à cette égalité naturelle : les distinctions, hiérarchies, dominations fondées sur l'origine, la condition, la classe, l'appartenance, la croyance, l'apparence, la culture, le sexe ou le genre.

Idéal toujours inachevé, l'aspiration à l'égalité des droits n'a cessé, et ne cesse, de repousser les limites dans lesquelles les suprématies de tous ordres (religieuses, sociales, économiques, coloniales, raciales, sexistes, etc.) voudraient enfermer l'humanité, immobilisant sa marche dans un réel intangible. En temps de doute, d'égarement ou de désolation, nul besoin d'aller chercher plus loin pour réenchanter l'espérance politique face au sentiment d'impuissance qui nous saisit devant l'apparente fatalité des injustices, des inégalités et des discriminations.

C'est au nom de l'égalité que nous avons conquis des droits, que nous les inventons encore, que nous les revendiquons toujours. C'est sous son impulsion que nous continuons à les défendre quand d'anciennes libérations se transforment en nouvelles oppressions. C'est à l'écoute de son exigence que nous comprenons combien la condition de la liberté est l'intensité de la relation aux autres, au monde et à la nature : qu'il n'est pas de liberté individuelle sans droits collectifs, et que nous ne sommes pas libres si nous-mêmes opprimons. À tel point que, de la conscience de notre humanité commune, nous en sommes arrivés à la conscience du vivant qui nous entoure, dont nous venons et dont nous sommes, de ses droits à être protégé et de nos responsabilités à son égard.

Héritiers de cette radicalité démocratique, nous en sommes les gardiens. Et cette condition de bénéficiaires et de dépositaires nous impose des devoirs. Il ne s'agit pas seulement de faire vivre cet idéal en ne nous accommodant pas des conservatismes qui, sans le remettre en cause formellement, l'abîment ou le défigurent par des politiques réactionnaires, autoritaires et inégalitaires. Il ne s'agit pas non plus de nous contenter d'être solidaires, au lointain et à distance, de peuples qui se soulèvent pour revendiquer l'égalité des droits, contre des dictatures, contre des théocraties, contre des obscurantismes, contre des impérialismes, bref contre tout système, étatique ou idéologique, qui entend soumettre le genre humain à son arbitraire.

Il s'agit, plus essentiellement, de ne pas tolérer sa négation, ici et maintenant.

Les idéologies qui professent que des peuples, des nations, des religions, des civilisations, des « races », des classes, des genres, etc. ont des droits qu'elles dénient à d'autres, au nom de leur prétendue supériorité, ne sont pas des opinions parmi d'autres. Toute opinion qui défend, professe et promeut comme un fait acquis, d'évidence et de nature, l'inégalité entre les êtres humains ouvre la boîte de Pandore de haines infinies qui peuvent mener jusqu'à la destruction de l'humanité. Jusqu'au crime contre l'humanité.

Il fallut l'incommensurabilité des crimes commis par l'Allemagne nazie et ses alliés durant la Seconde Guerre mondiale pour qu'en 1945, l'incrimination de « crime contre l'humanité » soit codifiée dans le droit international. En visant toute violation généralisée et systématique des droits fondamentaux d'un individu ou d'un groupe d'individus, inspirée par des motifs politiques, philosophiques, raciaux ou religieux, elle consacrait l'unicité du genre humain et l'universalité de ses droits. Cette prise de conscience était aussi l'expression d'un remords tardif : le génocide dont furent victimes les juifs européens était indissociable des idéologies de l'inégalité naturelle que l'Europe avait brandies pour coloniser, conquérir et asservir, et qui avaient fini par se retourner contre elle-même, ravageant son propre continent avec l'impérialisme national-socialiste.

La barbarie peut donc naître de la civilisation. Un peuple cultivé, une nation développée, une culture sophistiquée peuvent enfanter les pires crimes, les commettre ou les accompagner, s'ils se laissent emporter par cette gangrène idéologique qui les amène à exclure de l'humanité des hommes, des femmes, des enfants en leur déniant l'égalité des droits au nom de leurs supposées étrangeté, infériorité ou dangerosité. Ici, l'origine ne protège de rien : aucun peuple, y compris ceux qui dans le passé en furent victimes, n'est immunisé contre ce poison s'il le laisse se répandre de nouveau. Dans sa dernière décennie, le XXe siècle ne s'est pas privé de nous le rappeler : en ex-Yougoslavie, où furent commis des crimes génocidaires contre les musulmans bosniaques, et au Rwanda, où eut lieu, non sans complicités françaises, le génocide des Tutsi.

Adoptée à Paris en 1948 par les cinquante-huit États alors représentés à l'Assemblée générale des Nations unies, la Déclaration universelle des droits de l'homme résulte de cette lucidité provoquée par la catastrophe européenne dont nationalisme et racisme furent les ressorts. Français, son rédacteur, René Cassin, prix Nobel de la paix en 1968, s'était battu pour imposer, dans son intitulé, cette qualification d'« universelle » au lieu d'internationale : façon de signifier qu'un droit supérieur, celui de la communauté humaine, devait s'imposer aux États et aux nations dont ils se prévalent. Autrement dit de rappeler qu'aucun État, qu'aucune nation, qu'aucun peuple ne devrait se dérober, au prétexte de ses intérêts propres, à cette exigence de respect de l'égalité des droits.

« Tous les êtres humains naissent libres et égaux en dignité et en droits. Ils sont doués de raison et de conscience et doivent agir les uns envers les autres dans un esprit de fraternité », énonce l'article premier de la Déclaration universelle des droits de l'homme. Comme la française de 1789, la Déclaration de 1948 dessine l'horizon d'une promesse, toujours inaccomplie et inachevée, sans cesse en chantier et à l'œuvre face aux égoïsmes renaissants des États et au risque qu'ils cèdent aux idéologies de l'inégalité. De ce point de vue, l'ajout de la dignité, notion sensible, aux droits, critère juridique, n'est pas indifférent, tout comme sa position première dans l'énoncé : il s'agit non seulement de respecter d'autres humains mais aussi de se respecter soi-même. En somme, de rester digne, de savoir se tenir, se retenir ou s'empêcher, afin de ne jamais céder à la haine de l'homme.

Tel fut le sursaut qui, jusqu'à la fin du XXe siècle, a relégué aux marges de notre débat public les idéologies de l'inégalité naturelle, de l'exclusion et de la discrimination. Elles n'ont jamais disparu, et ne disparaîtront sans doute jamais, portées par l'activisme militant, les préjugés ordinaires ou les théories fumeuses. Mais il fut longtemps et largement entendu que leur seul énoncé ouvrait une brèche infernale. Cette mise à distance ne relevait pas d'un jugement moral mais d'une conviction politique: en s'attaquant au socle même des émancipations – l'égalité des droits, le commun de l'humanité –, ces opinions sont antidémocratiques, ouvrant la voie à la remise en cause des libertés fondamentales – dans un déchaînement fatal de violence dont les boucs émissaires qu'elles désignent seront les premières victimes, mais ne seront pas les seules.

Il en découle que tout ne se débat pas.

Ces idées-là se combattent, elles ne se discutent pas. L'hospitalité de la discussion ne tient pas face à un tenant de l'inhospitalité pour l'étranger. L'égalité de l'échange ne tient pas face à un tenant de l'inégalité des hommes. Le pluralisme des opinions ne tient pas face à un tenant de la supériorité de sa propre identité.

Leur donner droit de cité revient à accepter que l'on profane un cimetière. L'imprescriptibilité des crimes contre l'humanité n'est pas seulement d'efficacité juridique – garantir le temps de la justice, de l'enquête, des preuves. Elle est aussi d'éthique politique: si l'oubli ne saurait avoir prise sur ces crimes, c'est pour nous rappeler que l'être même de l'homme fut leur victime, au nom de la négation d'une humanité commune.

Commencé par la volonté de les exclure, prolongé par le souhait de les expulser, le projet criminel de supprimer l'existence d'êtres humains au motif de leur étrangeté fantasmée, de leur différence supposée, de leur origine ou de leur « race » a grandi sur ce fumier-là : la négation intellectuelle de leur égalité en dignité et en droits.

Ces idées ne sauraient donc être dissociées des actes qu'elles ont inspirés : nous ne pouvons faire comme si nous ne savions pas qu'elles sont potentiellement criminelles. Elles sont définitivement coupables, de façon elle aussi imprescriptible.

L'Allemagne le sait. Tirant les leçons du renversement de la république de Weimar et de l'avènement du nazisme par la voie électorale, sa loi fondamentale légitime une conception militante de la démocratie, assumant la répression non seulement des actes mais des idéologies antidémocratiques que promeuvent les droites radicales.

La France devrait, elle aussi, le savoir.

3.

« Les mots peuvent être comme de minuscules doses d'arsenic : on les avale sans y prendre garde, ils semblent ne faire aucun effet, et voilà qu'après quelque temps l'effet toxique se fait sentir. »

Ce constat est de Victor Klemperer, linguiste, philologue et philosophe allemand d'origine juive, qui réussit à survivre au nazisme en restant en Allemagne. Son arme de résistance fut la tenue d'un exceptionnel journal intime qui décrit, au jour le jour, la contamination des modes de pensée par la langue totalitaire. Il en tira une réflexion plus analytique et théorique sur l'empoisonnement de la langue allemande par la langue du nazisme, *LTI, la langue du IIIe Reich*, traduite en français en 1996, un demi-siècle après sa première édition allemande de 1947. Les mots sont importants, y martèle Klemperer, montrant combien la propagation de l'idéologie nazie, sa banalisation et son acceptation se sont accompagnées d'une rhétorique dont les phrases et les symboles « obscurcissent l'intelligence ».

Voici donc des mots. Des mots français. Des mots bien de chez nous. Des mots d'hier d'abord. D'un hier qui fait aujourd'hui retour.

« Que Dreyfus est capable de trahir, je le conclus de sa race » : à propos du capitaine Alfred Dreyfus, innocente victime d'une machination antisémite, cette déclaration raciste est de l'écrivain et journaliste Maurice Barrès dans *Scènes et doctrines du nationalisme*, paru en 1902. En 1908, lors du transfert au Panthéon des cendres d'Émile Zola, dont le « J'accuse ! » s'était levé en défense de Dreyfus, le même Barrès dénonce la « pestilence dreyfusarde », ajoutant : « Une sorte de messe noire sera dite sur le cercueil du métèque. »

Organisme chargé des commémorations nationales, France Mémoire n'en a pas moins inscrit le centenaire de la mort de Maurice Barrès parmi les cinquante dates anniversaires qui méritent d'être officiellement commémorées en 2023. Certes ce chantre nationaliste de la terre et des morts fut, notamment à ses débuts, le maître à penser de toute une jeunesse lettrée, parmi laquelle le critique littéraire de *La Revue blanche* qui n'était pas encore entré en socialisme : Léon Blum. Mais Blum, qui avait d'abord vu en Barrès « le plus maître écrivain de la langue française », ne put tenir indéfiniment cette distinction entre l'œuvre du romancier et ses engagements politiques, tant les seconds irriguent la première.

Car Barrès, longtemps député (de 1889 à 1893, puis de 1906 à 1923), eut tôt des opinions bien arrêtées où s'entremêlent sentiment de décadence, obsession du déclin, nationalisme identitaire et antisémitisme viscéral. Ayant commencé à gauche, au point de se dire « anticapitaliste », son « socialisme nationaliste », où le national prend le pas sur le social, l'a conduit logiquement à droite, dans le camp conservateur. La constante de cet itinéraire est une vision enracinée de la nation dont l'identité serait en danger, face au péril d'une invasion extérieure et d'une corruption intérieure, menacée par des corps étrangers dont les juifs, stigmatisés en gens de nulle part, sans patrie, errants et déracinés, seraient l'avant-garde malfaisante.

Dès 1893, un an avant l'éclatement de l'affaire Dreyfus, Maurice Barrès publie une brochure intitulée *Contre les étrangers*. S'alarmant du « flot qui s'apprête à submerger notre race » et s'inquiétant de voir « le sol national envahi pacifiquement par des étrangers », il y défend que « l'idée de patrie implique une inégalité, mais au détriment des étrangers et non comme aujourd'hui au détriment des nationaux ».

En 1900, alors qu'il publie *L'Appel au soldat*, l'écrivain affirme ceci dans un quotidien, *Le Journal*: «Aujourd'hui, parmi nous, se sont glissés de nouveaux Français que nous n'avons pas la force d'assimiler, qui ne sont peut-être pas assimilables, auxquels il faudrait du moins fixer un rang, et qui veulent nous imposer leur façon de sentir. Ce faisant, ils croient nous civiliser ; ils contredisent notre civilisation propre. Le triomphe de leur manière de voir coïnciderait avec la ruine réelle de notre patrie. Le nom de France pourrait bien survivre ; le caractère spécial de notre pays serait cependant détruit, et le peuple installé dans notre nom et sur notre territoire s'acheminerait vers des destinées contradictoires avec les destinées et les besoins de notre terre et de nos morts. » Pour être certain d'être bien compris par son public, il conclut son article en ces termes : « Avec une apparence de paix, la France est en guerre civile. Aussi, à l'"Association nationaliste", ne se bornera-t-on pas à étudier les vérités françaises ; on s'armera pour les défendre... »

Élu à l'Académie française le 18 janvier 1906, Maurice Barrès redevient député cette même année, siégeant, cela ne s'invente pas, au sein de l'Entente républicaine et démocratique. Il meurt à Neuilly-sur-Seine le 4 décembre 1923. Quinze ans plus tard à deux jours près, le 6 décembre 1938, la République française reçoit en grande pompe le ministre des

Affaires étrangères du Reich hitlérien, Joachim von Ribbentrop, qui sera condamné à mort et pendu en 1946 à Nuremberg. Son homologue français, Georges Bonnet, est un radical-socialiste qui votera les pleins pouvoirs au maréchal Pétain en 1940, sera membre du Conseil national vichyste, réussira à redevenir député (radical) de 1956 à 1968 et mourra dans son lit en 1973.

Lors de ce séjour protocolaire, le ministre nazi exige, et obtient sans difficulté, qu'au repas officiel donné en son honneur au Quai d'Orsay il n'y ait aucun ministre français « non aryen ». De familles juives, Georges Mandel, ministre des Colonies, et Jean Zay, ministre de l'Éducation nationale, en sont donc écartés. Tous deux seront assassinés par la Milice pétainiste en 1944, Zay le 20 juin, Mandel le 7 juillet. Leur exclusion de ces agapes dit l'air empuanti de l'époque dont témoigne, cette même année 1938, l'élection à l'Académie française de Charles Maurras, l'homme de *L'Action française* – journal et mouvement –, ce laboratoire français des extrêmes droites européennes dont xénophobie, racisme et antisémitisme furent les passions essentielles. Sa condamnation en 1945 à l'indignité nationale devrait rappeler aux oublieux et aux inconscients qu'il convient de toujours maintenir le personnage et ses idées en dehors et à l'écart de notre mémoire officielle.

Dans ce climat, le contenu de ces entretiens bilatéraux franco-allemands qui font suite à la capitulation des Accords de Munich, deux mois auparavant, ne déçoit pas : la « question juive » y est évidemment à l'ordre du jour.

Le ministre de la République française soumet au ministre du Troisième Reich son idée : déporter de France les juifs étrangers qui y résident en les expulsant vers une colonie, l'île de Madagascar. Cette suggestion française séduit le pouvoir national-socialiste qui va la faire sienne au point de l'étudier très sérieusement après l'invasion de la France et la signature de l'armistice. Durant l'été et l'automne 1940, le RSHA, l'Office central de la sûreté du Reich, élabore et adopte ce « Plan Madagascar » qui prévoit la déportation de plusieurs millions de juifs européens sur la Grande Île, colonie française transformée en un gigantesque ghetto. Ce projet fut abandonné avec l'opération Barbarossa d'invasion de l'URSS qui, en 1941, change totalement la donne, ouvrant la voie à la « solution finale de la question juive » dont la conférence de Wannsee, le 20 janvier 1942, fixera les modalités industrielles.

Un écrivain célèbre et admiré qui s'alarme du silencieux envahissement de la France par une population non assimilable qui lui serait foncièrement étrangère. Un ministre républicain et modéré qui envisage sérieusement de débarrasser la France de cette même population en la déportant hors du continent européen. Certes, ni Maurice Barrès ni Georges Bonnet ne sont directement responsables de la Shoah. Mais leurs mots, leurs idées, leurs opinions en sont complices, et donc comptables. C'est pourquoi s'en souvenir importe : ils nous racontent comment une société, un pays, une nation en viennent à abdiquer sur l'essentiel.

L'un et l'autre envisageaient les juifs, archétype dans leurs préjugés du corps étranger et de l'ennemi intérieur, comme des envahisseurs auxquels devait être déniée l'égalité en dignité et en droits. Tout comme, de nos jours, un écrivain français, lui aussi reconnu, célébré et décoré, voire starisé, appelle d'autres figures de ces « étranges étrangers » chantés par le poète Jacques Prévert au début des années 1950 à disparaître du paysage français : les musulmans.

« Je crois que le souhait de la population française de souche, comme on dit, ce n'est pas que les musulmans s'assimilent, mais qu'ils cessent de les voler et de les agresser, en somme que leur violence diminue, qu'ils respectent la loi et les gens. Ou bien, autre bonne solution, qu'ils s'en aillent. » Ainsi parle Michel Houellebecq fin 2022 dans un dialogue avec Michel Onfray pour la revue *Front populaire*, lequel Onfray surenchérit : « Quand il s'agit de brasser des populations occidentales, il n'y a aucun problème. Mais le problème se pose avec des gens dont la civilisation est différente. »

Il faut donc qu'ils partent ou qu'à défaut, on les fasse partir. Qu'on en finisse, Houellebecq toujours, avec les « niaiseries de l'assimilation ». Et que le musulman qui n'est pas (encore) parti comprenne qu'« il doit, autant que possible, rester à l'écart ». « Notre seule chance de survie, poursuit le romancier, serait que le suprémacisme blanc devienne "trendy" aux USA », euphémisant la sollicitation d'une idéologie raciste par l'évocation d'une tendance culturelle.

Sinon, ce sera « la guerre civile dans un futur proche », prophétise-t-il avant de se lancer dans un développement qui flirte dangereusement avec l'apologie du terrorisme et avec l'incitation à la haine, deux délits pénaux : « Ce qu'on peut déjà constater, c'est que des gens s'arment. Ils se procurent des fusils, prennent des cours dans des stands de tir. Et ce ne sont pas des têtes brûlées. Quand des territoires entiers seront sous contrôle islamiste, je pense que des actes de résistance auront lieu. Il y aura des attentats et des fusillades dans des mosquées, dans des cafés fréquentés par les musulmans, bref des Bataclan à l'envers. »

Le jeudi 18 avril 2019, Michel Houellebecq a été fait chevalier de la Légion d'honneur par le président de la République française au Palais de l'Élysée. Cette décoration lui a été attribuée par l'entremise du directeur de la rédaction de *Valeurs actuelles* qui en a fait la suggestion au « conseiller mémoire » du cabinet présidentiel. L'équipe de l'hebdomadaire d'extrême droite était représentée à la réception élyséenne où, parmi la trentaine de convives, on pouvait croiser des journalistes, des écrivains, des éditeurs, un philosophe académicien, un ministre de l'Économie et un ancien président, Nicolas Sarkozy.

« Vous êtes un romantique perdu dans un monde qui est devenu matérialiste », a déclaré Emmanuel Macron dans son discours, créditant Michel Houellebecq d'avoir « réinventé le roman français ».

4.

« La puissance des mots est si grande qu'il suffit de termes bien choisis pour faire accepter les choses les plus odieuses. »

Bien avant que Victor Klemperer n'en fasse l'expérience en Allemagne, cette lucidité fut formulée par un Français, Gustave Le Bon, l'auteur de *Psychologie des foules* (1895), un essai précurseur dont les intellectuels fascistes puis nazis sauront tirer d'utiles enseignements pratiques. Français eux aussi, leurs successeurs n'ont pas oublié la leçon. Il en va ainsi de deux mots, apparemment simples et innocents : « grand » et « remplacement ». Deux mots dont l'appariement est une machine de guerre : le « grand remplacement » est en effet l'énoncé d'une idéologie meurtrière.

Inventé par l'écrivain Renaud Camus en 2010, promu sans relâche par le journaliste Éric Zemmour avant même qu'il n'en fasse son programme électoral pour 2022, décliné en fiction par Michel Houellebecq avec *Soumission* dès 2015, le « grand remplacement » n'est rien de moins que la doctrine raciste du XXIe siècle.

Sous l'apparence d'un constat rôde un appel à l'action qu'ont déjà entendu des terroristes d'extrême droite qui l'ont explicitement invoqué dans les textes justifiant leurs tueries de masse, à Christchurch en Nouvelle-Zélande en 2019 et à Buffalo aux États-Unis en 2022. Mais, de façon moins spectaculaire et, surtout, peu médiatisée, cette référence accompagne désormais les mobilisations de la haine ordinaire qui, en France, s'en prennent aux immigrés, aux réfugiés, aux musulmans, aux juifs, aux organisations antiracistes, aux associations hospitalières, et dont la chronique, tenue notamment par Mediapart, ne cesse de s'allonger. Comme l'a illustré le cas de la ville de Callac, en Bretagne, dont le projet d'accueil de quelques familles de réfugiés a dû être abandonné sous la pression, ces deux mots sont devenus le mot d'ordre des actions de l'extrême droite contre la solidarité et l'humanité.

Le « grand remplacement » installe en vérité d'évidence l'envahissement de l'Occident par des allogènes étrangers à sa culture, à son histoire, à ses traditions, que ses peuples, blancs de peau et chrétiens d'héritage, devront rejeter s'ils ne veulent pas disparaître. Exploitant la peur légitime suscitée par les terroristes qui se réclament de l'islam radical, ses promoteurs proposent une riposte en miroir de ce qu'ils prétendent combattre : une politique d'exclusion et d'intolérance, de négation de l'égalité et de rejet de la pluralité.

Si les musulmans sont leur première cible, ce sont en réalité toutes les diversités, toutes les minorités, toutes les différences, toutes les dissidences qui devront faire les frais de leurs colères et de leurs ressentiments. Les musulmans, mais aussi les homosexuels, les féministes, les gauchistes (dont les « islamo-gauchistes »), les écologistes (dont les « éco-terroristes »), les cosmopolites (et autres « sans-frontiéristes » et « droit-de-l'hommistes »), bref toutes ces variantes de l'« anti-France » qui ruinent et corrompent une identité nationale supposée éternelle et immuable.

Ces deux mots forment donc un mot d'ordre. Un cri de ralliement, un appel à la croisade, une incitation à la reconquête : il faut d'urgence chasser ce peuple extérieur installé parmi le peuple originaire, qui menace les indigènes tant il lui serait étranger par naissance et par nature. Cette opération a déjà un nom, en attendant d'avoir son plan : la « remigration », que promeuvent les franges identitaires de l'extrême droite. Mais nul besoin d'aller chercher dans les marges ultras du fascisme français puisque, dans leur dialogue de 2022, Michel Houellebecq et Michel Onfray l'assument à leur tour, n'hésitant pas à invoquer la Reconquista catholique de l'Espagne musulmane au XVe siècle – « nous n'avons pas des troupes assez nombreuses qui permettraient une reconquête », glisse Onfray, comme à regret, laissant à ses lecteurs le soin d'entendre le « pas encore » silencieux que suggère cette invitation à en grossir les rangs. Car « le grand remplacement, ce n'est pas une théorie, c'est un fait », affirme de son côté Houellebecq, « une évidence statistique », martèle-t-il, tant « en matière d'immigration, personne ne contrôle rien, c'est bien là tout le problème ». Le résultat de cette « réalité démographique écrasante », c'est que, si rien n'est fait, « cela va mal finir » : « L'Europe sera emportée par ce cataclysme. »

Popularisé par des élites intellectuelles que l'on suppose informées, savantes et cultivées, le « grand remplacement » ne se contente pas d'attiser l'ordinaire préjugé individuel, xénophobe et raciste, comme l'ont toujours fait les campagnes de l'extrême droite contre l'immigration et l'hospitalité. Il l'entraîne bien au-delà, dans une bascule sans retour par l'adhésion à une conception fermée de l'identité, à la fois innée, immobile et figée, faite d'invariants ethniques et culturels qui excluent les évolutions et les déplacements produits par la rencontre et la relation, le mélange et le brassage. Ce faisant, il transforme et mobilise ce préjugé en passion collective, violente et aveugle. Car cette peur panique d'être « remplacé » qu'il diffuse et attise, dans des argumentaires où la démographie (le nombre) supplante la biologie (le sang) des anciens racismes, est une injonction à repousser l'envahisseur supposé. À le faire disparaître, d'une façon ou d'une autre. En le réduisant au silence et à l'invisibilité. En lui rendant la vie impossible. En l'incitant à quitter les lieux. Autrement dit, en lui déniant l'égalité des droits, son droit d'avoir des droits, à cause de son origine (immigrée), de sa religion (musulmane) ou de sa culture (africaine).

S'agissant d'un pays qui a toujours été tissé de migrations, véritable Amérique de l'Europe par la constitution de son peuple sur la longue durée, c'est une déclaration de guerre à la France elle-même, à la diversité de sa population, au pluralisme de sa culture, aux humanités concrètes qui la composent. Une guerre intestine, une guerre sans fin, de tous contre tous. Dans cette vision identitaire de la nation, la citoyenneté n'est plus une protection. Elle est supplantée par une essence supérieure qui prétend refuser à d'autres nationaux les mêmes droits à cause du stigmate qui leur est accolé.

Ainsi s'installe l'imaginaire d'un peuple enraciné, une fois pour toutes défini et déterminé, qui ne saurait donc tolérer d'évolution et de mélange, de libre arbitre individuel et de quête d'une humanité commune. Ce programme a une histoire, et nous ne pouvons pas faire comme si nous ne savions pas qu'elle conduit au crime : « Notre programme remplace la notion libérale d'individu et le concept marxiste d'humanité par le peuple, un peuple déterminé par son sang et enraciné dans son sol. Voilà une phrase bien simple et lapidaire, mais qui a des conséquences titanesques. » C'est d'Adolf Hitler, dans *Mein Kampf*, écrit en prison en 1924-1925 et publié en 1927.

En l'espace d'une décennie, une idéologie fasciste, fondée sur le rejet de l'humanité et de l'égalité, est donc devenue en France une opinion acceptable, débattue et promue dans le débat public. Elle est au menu d'émissions de radio et de télévision, apparaît en couverture des magazines, participe de la discussion politique, au point que son inventeur fut invité pour la commenter jusque sur les ondes de France Culture (la dernière fois en 2017) dont l'émission la plus écoutée, « Répliques », est animée par un constant défenseur de Renaud Camus, le philosophe Alain Finkielkraut (élu à l'Académie française en 2014). Cette consécration médiatique est indissociable de la banalisation intellectuelle qui l'a précédée, dont nombre de personnalités faisant profession d'écrire et de penser sont les protagonistes.

Pourtant Renaud Camus n'a jamais caché son jeu. Les faits sont là, citations surabondantes, écrits provocateurs, surenchères virulentes. Or rien n'y a fait.

Il avait commencé, il y a plus de vingt ans, en 2000, par s'alarmer dans *La Campagne de France* d'une supposée trop grande présence juive sur les ondes de France Culture, s'indignant « qu'il soit à peu près impossible de le relever » en raison d'« une arme absolue du langage, dont nul ne peut réchapper – antisémitisme ». La polémique qui s'ensuivit fut une sorte de répétition générale des régressions à venir : la réprobation dominante ne visa pas Renaud Camus mais ceux qui le critiquaient, et notamment *Le Monde* dont je dirigeais alors la rédaction. Loin d'être isolé, l'écrivain fut défendu au cœur de la fabrique des élites politiques, administratives et économiques, françaises, dans un amphithéâtre comble de Sciences Po, en présence de la direction de l'établissement, avec pour avocat, déjà, Alain Finkielkraut, preuve que les passions identitaires rendent aveugle au point qu'un juif revendiqué ne sache plus reconnaître un antisémite à peine masqué.

Sous couvert de « roman d'idées », Renaud Camus, publié à l'époque chez P.O.L. et chez Fayard, était déjà parti en campagne contre l'« idéologie dominante antiraciste ». Avec des ruses et des postures dont il était aisé de démasquer qu'elles accompagnaient une entreprise de réhabilitation du racisme. « Presque tenté parfois (mais il ne cède pas à cette tentation, d'ailleurs faible), écrit-il alors à son propre propos, de se dire raciste, par amour des races (dont il paraît qu'elles n'existent pas). Mais à la vérité ce ne sont pas là des mots à lui. Pense plutôt en termes de peuples, de nationalités, de religions, de territoires, d'origine. » Donc faire attention au mot, mais garder l'idée : la construction arbitraire d'une entité close à laquelle l'autre est assigné et dans laquelle il sera enfermé.

Le Renaud Camus de l'an 2000, dont tant de personnes cultivées et informées prirent la défense, s'en prenait explicitement au « discours dominant d'aujourd'hui, le discours antiraciste, pour simplifier, le discours de propagande du métissage ». Le métissage, voilà l'ennemi. Le métissage qui serait l'arme des antiracistes. Le métissage, insiste-t-il, promis à devenir l'« empire du monde ». Le métissage où se perdrait l'origine pour laquelle l'écrivain avoue son « obsession ». Peu avare de sa plume, il l'écrit sur tous les tons : il aime tous les peuples, toutes les couleurs, toutes les cultures, toutes les saveurs, mais qu'elles restent chez elles, à leur place, et, surtout, qu'elles ne se mélangent pas, le mélange étant assimilé à la perte, à l'uniformisation, à la régression.

N'importe quel livre d'histoire sur les idéologies totalitaires nous l'enseigne : la phobie du métissage fut au cœur du racisme biologique et de l'antisémitisme moderne tels qu'ils prirent consistance entre la fin du XIXe et le début du XXe siècle. Il fallut, on le sait, fabriquer des demis, des tiers et des quarts de juif, classer, réglementer, évaluer, mesurer, soupeser, etc., pour construire ce que l'on voulait détruire – une humanité – en inventant ce qui n'existait pas : des proportions biologiques de pénétration d'un peuple par un autre, lesdits peuples – Aryens et Sémites – étant eux-mêmes une abstraction mythologique.

Antisémitisme et haine du métissage sont, en ce sens, potentiellement, des machines de mort similaires : l'antisémitisme moderne, c'est la haine de l'autre parmi nous, de l'autre comme nous, de l'autre qui nous ressemble, de l'autre qui est fait comme nous, de l'autre qui s'est infiltré, glissé, installé, bref de l'autre en nous, de l'autre qui est nous. D'où sa propagande, ses caricatures, ses libelles, ses textes, lois et décrets, qu'obsède la nécessité de distinguer et reconnaître le juif, de le démasquer parce qu'il nous ressemble. Dans l'imaginaire antisémite des années 1920 et 1930, le peuple juif, sa longue durée et survie de peuple sans État ni nation, sans État-nation identifié à un territoire, incarne le péril du métissage en son ultime accomplissement : la présence indistincte et insaisissable de l'Autre.

La création de l'État d'Israël en 1948 ayant, de ce point de vue, changé la donne pour le monde juif, instaurant une tension avec l'héritage diasporique, c'est à propos d'un autre peuple que Renaud Camus assume cette généalogie intellectuelle où s'imbriquent racisme de conviction, phobie du métissage et crainte des cultures sans territoires, sans frontières, sans feux ni lieux. « Ce n'est pas du racisme, écrit-il sur le ton de l'évidence, que de relever que les gitans, ou les romanichels, ou les tziganes, pris dans leur ensemble, n'ont pas, pour le meilleur ou pour le pire, le même rapport avec le sentiment de propriété que d'autres groupes humains plus sédentaires. Ou bien, si c'est du racisme, il faut, à beaucoup d'entre nous, assumer la très délicate condition de raciste. » Faut-il le rappeler ? Les Tziganes, peuple de nomades européens, furent, avec les juifs, l'autre victime du génocide planifié par le nazisme.

Bien avant le succès de son « grand remplacement », le racisme de Renaud Camus était donc transparent. Son décompte antisémite des voix sur les ondes de France Culture ayant tout de même suscité des remous, il mit rapidement en sourdine son obsession juive pour mieux libérer ses obsessions antimusulmanes, où la question religieuse est l'alibi d'une stigmatisation générale des Français issus des immigrations maghrébines, africaines, méditerranéennes, antillaises, etc. Mais l'originalité de sa démarche, qui la distingue des vulgates racistes ordinaires et la rend d'autant plus dangereuse, est d'avoir cherché à théoriser le préjugé afin de redonner vie aux idéologies identitaires qui ont produit la catastrophe européenne. L'effet politique qu'il a réussi à obtenir par le détour d'une œuvre littéraire met en lumière l'offensive intellectuelle qui a accompagné la banalisation de l'extrême droite : permettre que l'on puisse de nouveau parler et penser comme Hitler en faisant comme s'il n'avait jamais existé.

Dès 2005, sur le site de son groupusculaire « Parti de l'In-nocence », Renaud Camus le fait comprendre en s'alarmant de la « deuxième carrière d'Adolf Hitler », cette « *reductio ad Hitlerum* » qu'il doit affronter et dont, avec une fausse ingénuité, il montre lui-même qu'elle voudrait l'empêcher de penser comme Hitler, c'est-à-dire en termes de « distinctions ethniques », de « dimensions héréditaires des civilisations », d'« appartenances natives », d'« origines », de « races »... C'était cinq ans avant sa trouvaille de 2010, cette invention du « grand remplacement », devenu slogan de ralliement du nouveau racisme.

C'est sur le même site que l'on trouve son discours de soutien, en 2012, à la candidature de Marine Le Pen, prononcé au congrès du SIEL, petite formation fondée par l'ex-chevènementiste Paul-Marie Coûteaux. Se portraiturant devant la candidate d'extrême droite en « producteur de concepts, d'expressions ou de thèmes dont certains font leur chemin, et parfois jusqu'en votre bouche, Madame», Renaud Camus consacre tout son propos à «la question pour nous primordiale, essentielle, fondamentale du "Grand Remplacement", ou, pour parler de façon séculière, de l'immigration» [les capitales sont de lui]. Il y appelle à «modifier profondément la loi et même les engagements internationaux de la France» pour «mettre un terme, par toutes mesures appropriées, au "Grand Remplacement" du peuple français par d'autres peuples de toute origine et à la substitution, sur son territoire même, d'autres cultures et d'autres civilisations à celles qu'il avait lui-même portées si haut».

Orateur vedette des premières «Assises de la remigration», organisées en 2014 par le Bloc identitaire, Renaud Camus parraine également l'«Observatoire du grand remplacement» lancé sur Internet par les mêmes militants d'extrême droite. «Je salue avec d'autant plus de plaisir et d'enthousiasme votre démarche actuelle, leur écrit-il, que pour moi la constatation et le refus absolu du "Grand Remplacement" – ce "concept" dont vous voulez bien me reconnaître la paternité – ont toujours impliqué comme leur complément indispensable, et leur substance même, la remigration, puisque c'est le mot que vous avez choisi de mettre en avant: je disais pour ma part "le renversement des flux migratoires", mais c'est la même chose.»

« La remigration ou la guerre : voici les termes du débat, écrit encore Renaud Camus en 2014. Il y en aurait bien un troisième, mais il est plus effrayant qu'eux : la soumission – l'acceptation de la conquête par les conquis, du remplacement par les remplacés, de la colonisation par les colonisés ; la conversion, qui sait ? Faute de consentement au statut de dhimmi, la guerre est inévitable. » D'un écrivain à l'autre... Cette rhétorique violente fut écrite avant qu'on apprenne la sortie du roman *Soumission* de Michel Houellebecq. « La remigration, poursuit Camus, est une façon de traiter le mal, une *solution* [il souligne le mot], c'est même la seule qui ait été proposée jusqu'à présent. »

« Une opération chirurgicale », insiste-t-il à destination des âmes sensibles que « la perspective de certains traitements [pourrait] inquiéter ». Dans son discours de 2014 aux « Assises de la remigration », il jouait avec cette perspective violente, la souhaitant en la sous-entendant, par l'évocation de « tout un arsenal qu'il n'est pas facile, qu'il n'est peut-être pas opportun, et qu'en tout cas, il n'est pas urgent de détailler à présent – j'en laisse le soin à mes amis identitaires, qui ont la tête plus pratique que la mienne et qui sont si précis sur les voies et les moyens qu'on se dispute de toute part, à ce que je vois, leurs compétences ».

À l'énoncé de ces rappels qui, déjà, datent, on aurait pu croire l'affaire entendue. Il n'en a rien été.

Les verrous ont sauté, les interdits sont tombés et les distances ne sont plus de mise. Depuis longtemps. Tous trois convertis au « grand remplacement », l'écrivain Renaud Camus, le journaliste Éric Zemmour et le romancier Michel Houellebecq n'en ont aucunement pâti. L'idéologie raciste qu'ils propagent n'a pas été rejetée dans un sursaut de principe, mais acceptée comme une opinion tolérable, sinon respectable. En a témoigné en 2011 une conversation entre Renaud Camus et Manuel Valls, toujours sur les ondes de France Culture dans l'émission d'Alain Finkielkraut, où il faut attendre la toute fin de l'émission pour que le futur Premier ministre, alors socialiste, s'émeuve un peu des conséquences du « grand remplacement », au terme de trois quarts d'heure d'échanges courtois durant lesquels le philosophe animateur du débat ne cache pas son estime pour l'écrivain.

Alain Finkielkraut n'est pas inquiet car « le fascisme est mort en 1945 », définitivement mort. C'est ce qu'il écrit dans *Causeur* en 2014 à propos du livre d'Éric Zemmour, *Le Suicide français*, dont il regrette les « errements sur Vichy » mais juge « pertinent » le constat d'une France qui « se quitte », sous l'effet notamment « de l'immigration de peuplement ». Pour reprendre Camus, pas de deuxième carrière d'Hitler et, donc, nous pouvons désormais librement revenir à nos obsessions identitaires sans mémoire des crimes auxquels elles ont conduit dans le passé.

Mais les héritiers intellectuels des droites révolutionnaires qui ont accompagné cette modernité terrible que fut la révolution conservatrice fasciste et nazie n'ont pas besoin de cet alibi. Car ils savent bien, eux, que c'est la même histoire qui se remet en marche, celle à laquelle ils sont restés fidèles et dont ils ont préservé les idéaux, cette vision du monde qui dresse le peuple et le sang contre l'individu et l'humanité, qui brandit l'identité contre l'égalité.

En 2013, un événement en a apporté le témoignage. Le 22 mai de cette année-là, devant l'autel de Notre-Dame de Paris, se suicidait avec une arme à feu Dominique Venner, figure de cette Nouvelle Droite, issue de l'extrême droite à la fois la plus radicale et la plus intellectuelle des années 1960, qui opta ensuite pour une stratégie gramscienne de conquête progressive d'une hégémonie culturelle et idéologique. Or, dans une posture esthétique de « samouraï de l'Occident », l'athée Dominique Venner entendait par son sacrifice lancer un appel à la mobilisation contre... le « grand remplacement ».

C'est ce qu'il écrit la veille de sa mort dans un billet où, tout en les soutenant, il interpelle les participants à la prochaine « Manif pour tous », prévue le 26 mai 2013, contre la loi Taubira autorisant le mariage homosexuel : « Le "grand remplacement" de population de la France et de l'Europe, dénoncé par l'écrivain Renaud Camus, est un péril autrement catastrophique pour l'avenir. » Dans sa dernière lettre, Dominique Venner dit se « sacrifier pour rompre la léthargie qui nous accable » : « Je m'insurge contre le crime visant au remplacement de nos populations », conclut-il. Savourant cet hommage, Renaud Camus lui retournera le compliment, dans un discours prononcé le 31 mai 2013 sur le parvis de la cathédrale Notre-Dame de Paris : « Cette mort de Dominique Venner, nous lui devons d'en faire un point de non-retour. »

Au même moment, dans une salle parisienne, se tenait l'hommage des siens à Dominique Venner, celui de cette extrême droite à la fois intellectuelle et radicale dont les références sont explicitement celles de la révolution conservatrice allemande, à la fois païennes et européennes, identitaires et élitaires. Une vidéo en témoigne. *Les Lansquenets*, *La Petite Piste*, *J'avais un camarade*, les trois chants retenus pour les pauses chantées sont tous des versions françaises de chansons prisées par la Wehrmacht. Entre un Espagnol phalangiste et un Italien rouge-brun, on y entend dans la bouche des orateurs au moins deux références au « grand remplacement » de Renaud Camus.

À la tribune, l'hommage sans doute le plus fidèle, car le plus en communion de pensée avec Dominique

Venner, est celui d'Alain de Benoist, principal théoricien de cette Nouvelle Droite révolutionnaire, habitée par la hantise du métissage et la phobie du multiculturalisme, déterminée à remplacer l'éthique en politique par une esthétique de l'élite. Après avoir méthodiquement construit la galaxie de publications, de clubs et de réseaux, qui, depuis la fin des années 1970, a accompagné la stratégie gramscienne d'hégémonie idéologique dont il fut le premier promoteur, Alain de Benoist sort régulièrement de son apparente tour d'ivoire intellectuelle pour commenter l'actualité. Non sans talent, tant il a l'art d'enrober de glose savante la normalisation et la promotion des pensées et des théories les plus rétrogrades.

C'est ainsi qu'en 2022, après l'invasion de l'Ukraine par la Russie, il se faisait l'exégète d'un de ses plus chauds partisans, Alexandre Douguine, qu'il connaît « depuis plus de trente ans » et dont il juge la pensée « stimulante pour l'esprit ». C'est peu dire : ce promoteur intellectuel du nouvel impérialisme russe, missionné pour restaurer la tradition face à la décadence, fut longtemps le correspondant moscovite du GRECE, le laboratoire de la Nouvelle Droite française, au point de lancer une version russe de sa revue, *Éléments*. Organisateur à Moscou en mars 1992, peu après la fin de l'URSS, d'une table ronde à laquelle était convié Alain de Benoist, en tant que « chef de file en Europe » de la Nouvelle Droite, Alexandre Douguine l'introduit en présentant le projet de celle-ci comme la reprise « des thèses énoncées dans les années 1920 par des géopoliticiens allemands, souvent russophiles », parmi lesquels, notamment, les « nationaux-bolcheviks » de la république de Weimar – autrement dit les rouges-bruns de l'époque.

Invité à intervenir, Alain de Benoist plaide pour une « alliance eurasienne », mais en ajoutant : « Nous devons commencer par le bas, en opposant au mondialisme les valeurs ethniques, régionales et nationales. » Étape intermédiaire avant l'« unification eurasienne » qu'il finit par résumer abruptement : « Apparemment, nous devrons passer par une période transitoire de chaos. » De retour en France, le leader du GRECE confie aux lecteurs d'*Éléments* ses impressions russes, dont il ressort que ce « chaos » n'est pas pour lui déplaire : « Là comme ailleurs, de nouveaux clivages se mettent en place. Sur le plan politique, le fait dominant est le rapprochement des “blancs” et des “rouges” : monarchistes russophiles et “nationaux-bolcheviks” appartiennent désormais au même camp, qui n'est jamais que le grand rassemblement des patriotes qui aspirent à un avenir russe et refusent d'être aliénés à l'Occident. Rien n'illustre mieux ce rapprochement que la manifestation qui, le 17 mars [1992], a rassemblé sur la place du Manège 50 000 personnes brandissant d'un même mouvement drapeau tsariste et bannière rouge ! [...] Le communisme ne reviendra pas, le capitalisme est impossible : il faut donc inventer autre chose. À l'heure où l'Occident est en panne d'imagination, c'est à l'Est, plus que jamais, et comme nous l'avions prévu, que l'histoire aujourd'hui est ouverte. »

Trente ans plus tard, alors que le régime de Vladimir Poutine incarne cette nouveauté où s'entremêlent les héritages tsariste et stalinien, impérialiste et totalitaire, Alain de Benoist s'exprime avec plus de précaution mais n'a pas varié de partition. En 2022, après l'invasion de l'Ukraine, dans un entretien à *Front populaire*, il s'efforce de réhabiliter Alexandre Douguine, ce théoricien de l'« eurasisme » et d'un nouvel « empire civilisationnel » dont la Russie serait le foyer. Et il ne se prive pas de critiquer les journalistes dont les analyses font de Douguine, à juste titre, un néofasciste. « L'"extrême droite", mot-caoutchouc, est le couteau suisse préféré de ces esprits paresseux », lance-t-il en guise d'absolution, dans une formule qui rejoint le « *reductio ad Hitlerum* » de Renaud Camus.

Depuis sa position d'intellectuel, Alain de Benoist se pose à l'extrême droite en sage et en docte, distribuant les bons et les mauvais points, jouant surtout les vulgarisateurs en s'appliquant à rendre accessible et acceptable son fond de sauce idéologique. Commentant la percée de l'« anticonformiste » Éric Zemmour qu'il crédite en 2014 de ne pas parler « au nom de la droite mais du peuple », il distingue en 2022 son électorat « anti-immigration » de celui « anti-système » de Marine Le Pen, selon un critère d'efficacité électorale, non de désaccord politique. D'ailleurs, précise-t-il dans une interview de janvier 2023, il est lui-même « résolument hostile à l'immigration, mais pas aux immigrés ». Il n'a contre eux « aucune inimitié de principe » mais à condition, précise-t-il, qu'ils ne se revendiquent pas d'un « droit », notamment celui d'immigrer et de circuler, ce « glissement d'origine libérale » qui « implique que n'importe qui peut s'installer où il veut ».

Interrogé en 2018 sur le succès du « grand remplacement », concept qu'il ne juge « pas du tout » conspirationniste et « bien propre à frapper les esprits », Alain de Benoist explique lui préférer le terme de « grande transformation ». Question d'exactitude, précise-t-il, d'autant plus nécessaire qu'en effet, le sujet est « d'une importance capitale » : « Il y a un continuel apport extérieur qui transforme la population d'origine européenne, qui modifie son pool génétique, ses habitudes sociales, sa façon de vivre, sa manière de voir le monde, ses valeurs spécifiques, etc. Cette transformation n'est pas une mince affaire, elle est même d'une importance capitale, mais ce n'est pas, au sens propre, un remplacement. La population française n'est pas remplacée, mais elle est peu à peu transformée. » De fait, il crédite Renaud Camus d'avoir publié en 2013 un livre intitulé *Le Changement de peuple* : « Cette seconde formule a eu moins de succès, mais je la crois beaucoup plus exacte. »

L'habileté perverse de ces pinaillages est de transformer en sujet d'étude et de débat un projet criminel, explicitement raciste. Interrogé en 2014 sur la « remigration », cette expulsion qu'appelle de ses vœux le « grand remplacement », Alain de Benoist confie « n'en penser rien, car j'attends qu'on m'explique en quoi cela pourrait consister ». Habile et politique, sa réponse discute la faisabilité, pas l'éventualité : « J'ai lu avec attention toutes les mesures proposées par les tenants de la "remigration". Ce sont des mesures qui, si elles étaient appliquées, auraient certainement pour effet de diminuer les flux migratoires, de couper certaines pompes aspirantes, de décourager d'éventuels candidats à l'immigration. Ce qui est déjà beaucoup. Je n'en ai pas vu une seule, en revanche, qui soit de nature à faire repartir vers un improbable "chez eux" – avec, on le suppose, leurs parents "de souche" – des millions de Français d'origine étrangère installés ici depuis parfois des générations et qui n'ont nullement l'intention d'en bouger. Cela dit, tout le monde n'est pas forcé d'être exigeant sur le sens des mots. Et il n'est pas interdit non plus de rêver... »

Le rêve qu'évoque Alain de Benoist est évidemment le cauchemar de tous ceux qui restent attachés aux plus élémentaires valeurs démocratiques. Son propos éclaire la sombre dynamique de cette introduction, en toute liberté et respectabilité, d'une idéologie foncièrement raciste et fasciste dans le débat public. Peu importe le sens des mots, l'essentiel étant qu'ils rendent possible le rêve – notre cauchemar.

5.

« Traquer les préjugés où ils sont, même et surtout lorsqu'ils se manifestent "au nom de la science". Saisir les grands débats qui informent la rumeur publique, même et surtout lorsque celle-ci se déploie "au nom de la science". »

C'est ainsi qu'en 1981, Maurice Olender présente sa revue, *Le Genre humain*, en introduction d'un premier numéro consacré à « la science face au racisme ». Cette déclaration d'intention était placée sous un intitulé qui résume la vigilance dont il fera une règle de vie, ne cessant d'alerter sur la banalisation du racisme : « Les périls de l'évidence ».

« Pourquoi cette inquiétude soudaine et cette exigence de rigueur et de lucidité critique au sein de la communauté scientifique ? demande-t-il alors. Parce que l'oubli est tenace. Et fragile la mémoire qui couve les cendres d'une histoire encore toute proche. Parce que l'on voit de toutes parts resurgir un scientisme né au XIXe siècle, et reprendre vigueur une mode, voire un fétichisme que l'on pouvait croire révolus depuis qu'en plein XXe siècle furent révélées les conséquences apocalyptiques du programme nazi qui se parait, lui aussi, des masques de "la science". »

L'« Appel à la vigilance » face à l'extrême droite dont Maurice Olender fut l'initiateur en 1993 commence ici, douze ans plus tôt. Il avait coutume de dire que ce fut « un acte philologique », soit une intervention publique dont l'argument était l'étude des textes. L'exigence critique qui le justifiait était celle qui avait motivé la création du *Genre humain* : « porter une attention vigilante à la renaissance d'un racisme "intelligent" et de son cortège d'ersatz. » Autrement dit ne pas laisser passer sans réagir l'émergence de nouvelles formes de mépris de l'autre qui, sous un verbiage scientiste et fumeux, se déguisent en théories savantes pour masquer leurs visées politiques.

Aussi cet appel ne fut-il pas un banal acte militant, une pétition parmi mille autres, mais un véritable sursaut vital tant sa nécessité s'inscrit dans le sillage de la vie de Maurice Olender. Historien et éditeur de profession, il est mort dans son sommeil, le 27 octobre 2022, à son domicile bruxellois. Né en 1946 à Anvers, en Belgique flamande, dans une famille juive polonaise, il avait coutume de dire qu'il avait vu le jour dans « un dépôt de cendres ». « Des braises de vie dans une mémoire de mort », ajoutait-il en 2017 au micro de France Culture. Loin d'entraver la vitalité de cette famille de survivants, l'ombre du génocide des juifs d'Europe la décuplait : « On parlait sans cesse de l'horreur, et il y avait une joie de vivre, une puissance d'énergie énormes. »

Éduqué en trois langues, le français de sa mère, le yiddish de son père et le flamand de la rue, né polonais, puis devenu belge et, sur le tard, français aussi, Maurice Olender est resté l'héritier de cette enfance qu'il se remémorait comme « un monde où l'altérité était partout : elle était dedans, elle était dehors ». Dans ce milieu d'artisans diamantaires modestes, le judaïsme était une sociabilité partagée plutôt qu'une croyance imposée : « Il y a beaucoup de judaïsme sans religion et sans dieu », commentait-il dans la même émission de radio. Ce dedans-dehors façonna une identité marrane, tout en déplacements et en relations, qu'il revendiqua en 2020 dans *Singulier Pluriel*.

Revisitant en 2017 cette enfance avec *Un fantôme dans la bibliothèque*, Maurice Olender en fait la matrice de son rapport au savoir et à la lecture, et par conséquent du chemin inédit qu'il allait tracer, de recherche et d'érudition à l'écart des notabilités académiques et des conformités sociales. Il se décrit comme « un enfant à la volonté analphabète », rétif à la lecture, n'ayant lu presque rien jusqu'à l'âge de quatorze ans et ayant tôt quitté l'école pour commencer par « apprendre à vivre ». Jusqu'au terme de sa vie, il a prétendu lire peu. « J'ai toujours lu peu. J'ai toujours essayé de lire de manière artisanale, le moins mal possible. Il me semble qu'il vaut mieux lire peu de pages de manière intense que de parcourir énormément de pages », confiait-il en 2017, défendant l'idée qu'être entouré de beaucoup de livres sans les avoir lus, c'est laisser libre la part du rêve, le possible d'une action onirique, l'échappée vers un imaginaire fructueux.

À rebours des codes éditoriaux habituels, c'est cet artisanat d'autodidacte revendiqué qui en a fait un éditeur exceptionnel. Commencée chez Hachette à l'enseigne de « Textes du XXe siècle », sa collection « La librairie du XXe siècle », devenue ensuite « La librairie du XXIe siècle », aux Éditions du Seuil depuis 1989, offre un catalogue d'une richesse sans pareille dont la cohérence est indissolublement esthétique et affective. « Je ne suis pas un éditeur, revendiquait-il en 2009. Ma démarche a toujours été liée à un choix d'auteur. » Cependant, son métier premier restait la recherche et l'enseignement de l'histoire, en enquêteur traquant les mythes sous les sciences parce qu'il savait, d'expérience vécue, combien l'apparente raison théorique de celles-ci avait pu nourrir la déraison meurtrière de ceux-là. Tissant un lien avec ses travaux adultes, centrés sur les alibis savants du racisme et de ses crimes, il interprétait l'attitude de l'enfant qu'il avait été, résistant aux apprentissages scolaires, comme un refus d'entrer « dans l'ordre des adultes, du pouvoir ». Car, ajoutait-il, « il avait compris que le massacre et le génocide des juifs, des tsiganes, n'était pas un acte de sauvagerie mais un acte promulgué par des lois écrites ».

Tel est le point d'ancrage de la vie singulière de ce non-conformiste franco-belge, tout à la fois parvenu au cœur de la vie intellectuelle parisienne et resté farouchement à l'écart de ses complaisances ou compromissions. Ne s'étant finalement résolu à passer son baccalauréat qu'à l'âge de vingt-deux ans, après avoir été cliveur de diamants tout en s'adonnant à sa passion pour le théâtre et la musique, il se remémorait être entré dans la vie adulte en étant « rétif aux règles de la vie en société » : « Elles ne m'allaient pas car je sortais d'un monde où ces règles avaient organisé un massacre de masse par des gens très sérieux. » Devenu professeur à l'École des hautes études en sciences sociales, historien, philologue et archéologue, Maurice Olender n'a cessé de s'intéresser à ces « gens très sérieux », de les questionner et de les déranger.

Le fil conducteur de son œuvre, dont *Les Langues du Paradis*, publié en 1989, reste l'ouvrage central, est une enquête qui traque ce que peuvent cacher des mots savants, au premier chef le mot « race », qui a légitimé les génocides du XXe siècle. « Aryens et Sémites, un couple providentiel » : le sous-titre de cet essai résume une déconstruction méticuleuse de la « révélation indo-européenne également dénommée aryenne », mythologie dont l'invention, au XIXe siècle, a précédé le crime contre l'humanité. « Deux mots, "Sémite" et "Aryen", rappelle Maurice Olender, sont devenus, en plein XXe siècle, au cœur de l'Europe, des termes décrétant la mort ou la vie – selon qu'on était classé d'un côté ou de l'autre – pour des millions d'enfants, de femmes et d'hommes. » S'ensuit une démonstration implacable qui n'épargne pas la science française, y compris sous ses atours républicains. Professeur d'hébreu au Collège de France, Ernest Renan, dont le *Qu'est-ce qu'une nation ?* fait encore autorité malgré ses antiennes sur la hiérarchie des civilisations, en est l'exemple le plus emblématique tant il a contribué à l'élaboration de la « grande fable aryano-sémitique ».

Disciple de Léon Poliakov, dont *Le Mythe aryen* prolongea en 1971 la monumentale *Histoire de l'antisémitisme*, Maurice Olender n'a donc cessé d'interroger les mécanismes de production de « la catégorie de l'autre, juif ou monstre, amazone, sauvage ou femme », selon le résumé qu'il en fait en 1981. Plus actuelle que jamais en temps de révolution féministe avec « MeToo » et de diabolisation réactionnaire du « wokisme », cette formulation figure en introduction des mélanges en hommage à Léon Poliakov qu'il avait réunis sous le titre *Le Racisme, mythes et sciences* et publiés en même temps qu'il lançait *Le Genre humain*. Sa ténacité n'avait d'égale que sa cohérence : dans sa contribution, consacrée au tristement célèbre faux antisémite *Protocoles des Sages de Sion*, il se proposait déjà de « saisir la circulation d'idées considérées à certaines époques comme "littéraires" ou "scientifiques" et qui, sans avoir encore dans leur contexte historique propre une emprise sur le réel, devaient cependant féconder les territoires de futures idéologies mortifères ».

Il avait intitulé son texte « La chasse aux évidences », formule qui ne cessa de l'accompagner et que l'on retrouve, un quart de siècle plus tard, en intitulé d'un livre de 2005, republié en 2018 dans une version augmentée sous le titre *Race sans histoire*. Le racisme, y explique Maurice Olender, est un « piège sémantique » dont le point de départ – l'évidence – est « la corrélation qu'il prétend établir entre du visible et de l'invisible ». « Ce qui caractérise le préjugé raciste, écrit-il, c'est d'encercler celui qui est dit "autre", de l'entourer d'une frontière magique, infranchissable. Pas question d'échapper à "la race" dont on est taxé. Et là où, dans les anciens systèmes de classifications hiérarchiques, on pouvait, dans certains cas, passer d'une religion à une autre ou, pour un esclave, quelquefois, être affranchi pour devenir un homme libre, la personne "racisée" est considérée comme différente par nature. On peut même l'exclure du genre humain. » Dès lors, le racisme n'a plus besoin de démonstration ou d'argument, puisant sa force négative dans le fait d'avoir « toutes les allures d'un axiome », une force « d'autant plus dynamique qu'elle se pare de l'évidence ».

C'est pourquoi, n'a cessé de marteler Maurice Olender, il faut prendre les mots au sérieux. Toute son œuvre, de chercheur comme d'éditeur, est traversée par cet impératif de « responsabilité sémantique ». Dans le passé comme face au présent, il a interrogé sans relâche cette énigme de savants, d'intellectuels, d'esprits forts et cultivés, qui ont cédé aux idéologies racistes, les accompagnant ou les épousant, les tolérant ou y adhérant. Un « scoop invisible », selon ses mots un peu attristés, témoigne de cette entreprise entêtée : l'exceptionnelle confession qu'il obtint de l'intellectuel allemand Hans Robert Jauss, lors d'un entretien paru en 1996 dans *Le Monde*.

Mondialement reconnu dans les études littéraires, l'auteur de *Pour une esthétique de la réception*, né en 1921, s'était volontairement engagé en 1939 dans la Waffen-SS et ne s'en était jamais expliqué, comme d'ailleurs toute la génération intellectuelle compromise dans le nazisme. C'est ce silence que Maurice Olender vint interroger au bord du lac de Constance, un an avant la mort de Jauss. Le résultat est une alerte qui vaut toujours. « Le silence est sans aucun doute lié à un refus de comprendre ce qui est inhumain », commence par lui répondre ce savant qui avait fini la guerre avec la Division Charlemagne, qui regroupait les SS français.

Mais, face à son questionneur qui ne se satisfait pas de cette réponse en forme d'excuse, Jauss finit par dire l'essentiel après avoir cité Walter Benjamin (« Que cela suive son cours, voilà la catastrophe ») : « La catastrophe n'est pas un événement apocalyptique, une rupture ; elle résulte de ce à quoi tout le monde participe, ne fût-ce que tacitement. L'inertie, le fait que tous concourent passivement au même mouvement sans s'y opposer, voilà ce qui conduit à la catastrophe : c'est alors que la barbarie nazie fit irruption au sein même de la culture. » Oui, ce à quoi tout le monde participe, passivement, tacitement...

Telle fut la lucidité visionnaire de Maurice Olender, associant travail intellectuel et impératif politique. Trois ans avant cet entretien mémorable, il en avait fait la démonstration avec cet avertissement précurseur que fut l'« Appel à la vigilance ». Quand on fera l'archéologie de l'accoutumance française à la catastrophe, cette interpellation de la caution donnée à l'extrême droite renaissante par des intellectuels venus de la gauche, qui en arrivaient à relativiser ou à disqualifier la cause antiraciste, aura l'évidence d'une alerte prémonitoire tant la suite des événements lui a donné raison, notamment en confirmant ses intuitions par le basculement progressif des premiers concernés à la droite extrême du débat public.

En revisiter le contexte, c'est prendre la mesure du temps perdu. Avec le recul, nombre d'indices font sens alors qu'ils furent jugés anecdotiques, secondaires ou caricaturaux dans l'instant. La confusion régnait déjà en maître, brouillant les repères, égarant les principes, ruinant les consciences. Au début de ces années 1990, qui sont à la fois celles de l'effondrement de l'Union soviétique, de la fin crépusculaire du mitterrandisme, de la première guerre du Golfe contre l'Irak, des guerres qui ravagèrent l'ex-Yougoslavie et, bientôt, du génocide des Tutsi au Rwanda, on vit ainsi surgir une éphémère galaxie rouge-brune, associant des communistes encartés et des fascistes assumés. Son souvenir s'est effacé, tant elle était encombrée d'histrions plus préoccupés d'eux-mêmes que de politique – au premier rang desquels l'écrivain Jean-Edern Hallier –, mais ses excès et ses provocations, qui ne bénéficiaient pas de la caisse de résonance offerte depuis par la révolution numérique, font sinistrement écho aux troubles et aux perditions de notre époque.

Relancé en 1989 par l'autoproclamé écrivain maudit Jean-Edern Hallier, avec la calomnie et l'injure comme fonds de commerce, *L'Idiot international* fut le laboratoire de rencontres et de fraternisations improbables, et jusqu'alors impensables. En mai 1993, ce mensuel publie, sous le titre « Vers un front national », un éditorial appelant à « une politique autoritaire de redressement du pays » sous la signature d'un de ses collaborateurs réguliers, Jean-Paul Cruse. « La gauche en France, c'est fini. Pour toujours. Et c'est bien », lit-on en préambule de cet article qui tient pour acquis qu'« aucun des conflits fondateurs qui ont forgé l'esprit des vivants d'aujourd'hui ne s'est déployé sur l'axe droite-gauche ». Aussi plaide-t-il pour une réactualisation de « l'alliance des communistes et de la droite catholique, nationale, militaire et maurrassienne du général de Gaulle ». Après un éloge de la « grandeur des nations », cette évocation de l'extrême droite d'Action française, dont Charles de Gaulle n'était guère, est suivie d'une charge antisémite contre le « sionisme international » dont on apprend qu'il mène le monde, à partie égale avec Wall Street, la Bourse de Francfort et les « nains de Tokyo », anti-nipponisme en prime.

Appelant de ses vœux « un violent sursaut de nationalisme industriel et culturel », ce texte dénonce le « racisme antiraciste » comme l'un des maux du jour, affirme que sont « effectivement liés les problèmes de l'immigration, de l'insécurité, du chômage et de la criminalité urbaine » et se prononce pour une « politique autoritaire d'aide aux jeunes États forts du tiers monde ». Son objectif? Les aider ou les contraindre, on ne sait, « à fixer leurs sols, leur foi, leurs langues et leurs peuples » – autrement dit à ce que chacun reste chez soi. Tel est le « terrain », conclut *L'Idiot international*, sur lequel « Pasqua, Chevènement, les communistes et les ultra-nationalistes vont se trouver plus proches les uns des autres que Marchais de Mitterrand » – Georges Marchais était encore pour quelques mois secrétaire général du Parti communiste et François Mitterrand, alors président de la République, avait été élu sous l'étiquette du Parti socialiste.

La personnalité, aussi égarée qu'isolée, de l'auteur de cette prose délirante en facilite l'oubli. Mais Jean-Paul Cruse n'en est pas moins, quand il l'écrit, journaliste à *Libération*, syndicaliste CGT et membre du PCF. Tandis qu'un proche de Charles Pasqua (alors ministre d'État dans le gouvernement d'Édouard Balladur) salue dans *L'Idiot international* cette ébauche de programme, dont il résume ainsi l'alternative : « La nation ou le nouveau désordre mondialiste », un « Collectif communiste des travailleurs des médias » soutient, toujours dans *L'Idiot*, cette

« légitime colère », remerciant son auteur « d'avoir pris date pour l'avenir ». L'animateur de ce collectif, Marc Cohen, membre de longue date du PCF, n'est autre que le rédacteur en chef du mensuel de Jean-Edern Hallier. Loin de s'en dissocier, il va défendre cet article maurrassien en se définissant comme « un militant communiste soucieux de regroupements entre tenants traditionnels et historiques de la souveraineté nationale ». Ce qu'il mettra en actes en accueillant au sein du comité de rédaction de *L'Idiot* un rédacteur du quotidien lepéniste *Présent*.

Dans l'esprit pionnier de leurs promoteurs, ces convergences s'étendaient donc jusqu'à l'extrême droite revendiquée et assumée. Sans doute allaient-ils trop vite et trop tôt en besogne puisque la révélation de ces compromissions entraînera des clarifications. Secrétaire national du Mouvement des citoyens de Jean-Pierre Chevènement et à ce titre figure de proue de l'ascendante mouvance nationale-républicaine, le futur préfet Didier Leschi prendra ses distances, disant regretter d'avoir accepté de s'exprimer dans les colonnes de *L'Idiot international* et affirmant avoir découvert les « conceptions autoritaires et odieusement polémistes » qui s'y expriment. Du côté du Parti communiste, les nombreuses protestations militantes, notamment celles du courant rénovateur, obligeront la direction à faire progressivement le ménage, d'autant que certaines dérives faisaient vraiment désordre.

L'animateur d'un magazine communiste, *Révolution*, est alors un collaborateur régulier de *L'Idiot*. Les deux publications ont une autre signature en commun qu'elles partagent avec un mensuel d'extrême droite, *Le Choc du mois*: Édouard Limonov. Cette même année 1993, ce dernier cofonde en Russie postsoviétique une nouvelle organisation, le Parti national-bolchevique, dont l'autre cofondateur n'est autre qu'Alexandre Douguine, le partenaire moscovite de la Nouvelle Droite française. Décédé en 2020 après avoir animé de ses excentricités littéraires et provocations idéologiques la scène moscovite, Édouard Limonov, qui vécut en France en tant que dissident exilé d'URSS, aimait faire le coup de poing et le coup de feu. En 1992-1993, il est aux côtés des milices russophones en guerre contre les Moldaves ainsi qu'avec les forces spéciales tchetniks des ultranationalistes serbes pendant le siège de Sarajevo. Il rend compte de ses guerres aussi bien dans *Le Choc du mois* et dans *L'Idiot* que dans *Révolution*, tout en figurant dans le comité parisien de parrainage des candidats communistes aux législatives de 1993 et en continuant de vanter « l'alliance des "rouges" avec les "bruns" contre le système anti-humain de production, contre le système capitaliste ». Racontant, dans le numéro de janvier 1993 du mensuel d'extrême droite, sa participation au siège de Sarajevo, il y délivre un entretien empathique avec le président des Serbes de Bosnie, Radovan Karadžić, condamné depuis à la prison à vie par la justice internationale, pour génocide. Il y rapporte aussi ce propos d'un tchetnik : « La troisième guerre mondiale a commencé. Ici, en Bosnie ! La guerre entre le christianisme et l'islam. »

Une fois cette soudaine fièvre rouge-brune dissipée, ses postures retombées et ses outrances oubliées, ce tournant du début des années 1990 n'en reste pas moins un moment de bascule qui installe le nouveau paysage du débat d'idées en France. Une convergence durable s'effectue alors entre des courants de gauche et de droite autour de thématiques nationalistes, autoritaires et identitaires. Nombre des protagonistes camperont par la suite à la droite extrême de l'échiquier éditorial et politique, activistes médiatiques d'une libération de la parole xénophobe et raciste, ciblant immigrés et musulmans. La lente et patiente stratégie gramscienne d'hégémonie culturelle, théorisée par Alain de Benoist et la Nouvelle Droite, y trouva à la fois sa consécration et son accélération, sa reconnaissance et son dépassement. La porte avait été déverrouillée et leurs idées étaient désormais dans la place, même s'il leur fallut ensuite s'accommoder des excès vulgairement populistes des nouveaux convertis, dont la trajectoire de l'ancien chevènementiste Éric Zemmour est emblématique.

De fait, dans la confusion qui ébranla alors le PCF, on put entendre en mai 1992 Alain de Benoist à la tribune d'un colloque de l'Institut de recherches marxistes, dirigé par un membre du bureau politique. « Personne n'est propriétaire de la révolution », dit-il en conclusion de son intervention, en cohérence avec sa revendication idéologique de la « Révolution conservatrice » allemande dont les premiers « nationaux-bolcheviks » furent les protagonistes. Quelques jours plus tard, le journaliste Marc Cohen participait à un colloque organisé par *Éléments* avec d'autant plus de facilité que *L'Idiot international* avait publié *in extenso*, en décembre 1991, le discours prononcé par Alain de Benoist en clôture du XXVe colloque du GRECE. Plutôt figurant marginal qu'acteur essentiel, l'itinéraire de ce journaliste n'en résume pas moins les dérives de l'époque : on le retrouve par la suite à la création de la nationale-républicaine Fondation du 2-Mars, puis à la rédaction en chef du magazine ultra-réactionnaire *Causeur* et, enfin, en 2016, parmi les fondateurs de l'islamophobe Printemps républicain.

Ce début des années 1990 où des figures de l'extrême droite intellectuelle sont devenues fréquentables marque une ouverture plus essentielle qui, depuis, n'a cessé de s'accentuer : à ses idées, à ses thématiques, à ses concepts, bref à son idéologie et à sa politique. Plus de verrou, de tabou, de digue ou de cordon qui tienne : au nom de la liberté d'opinion et du débat d'idées, la discussion sur le terrain de l'adversaire infréquentable d'hier devenait légitime et souhaitable. De ce point de vue, l'épisode rouge-brun ne fit que rendre visible, par ses provocations, une tendance plus profonde dont la prise de conscience, par Maurice Olender et ses proches, fut au ressort de l'« Appel à la vigilance ».

Pour qui enquêtait sérieusement, à l'instar du journaliste René Monzat, il était aisé de déjouer la stratégie de dédiabolisation de courants et de réseaux qui, derrière un entrelacs de clubs et de revues, n'avaient pas vraiment rompu avec l'héritage intellectuel des fascismes européens. En ne restant pas dupe des positions d'ouverture et de pluralisme promues par Alain de Benoist dans l'une de ses revues, *Krisis*, on pouvait facilement repérer ici des membres du « conseil scientifique » du Front national, là des négateurs des chambres à gaz, ailleurs des références à des intellectuels allemands dont l'engagement nazi n'était pas mentionné, ou encore la persistance d'allusions codées à des symboles et des objets caractéristiques des rituels SS. Exemple parmi d'autres, la collection « Révolution conservatrice » dirigée par Alain de Benoist aux éditions Pardès exhumait à l'époque l'œuvre d'Ernst Niekisch, théoricien du national-bolchevisme sous la république de Weimar. Et, en « cadeau » à ses lecteurs, cette collection offrait, pour l'achat de deux livres, l'une des « œuvres » de Hans F. K. Günther, au choix *Religiosité indo-européenne* ou *Mon témoignage sur Adolf Hitler*. Or Hans Günther, anthropologue qui reprit et prolongea la théorie du Français Gobineau sur l'inégalité des races, n'est autre que le raciologue officiel du régime nazi...

Mais rien n'y faisait. Maurice Olender, qui n'avait cessé d'alerter sur ces pièges et ces ruses, voyait avec désolation toutes sortes de figures de la gauche démocratique, aussi bien médiatiques qu'académiques, s'engager sur la voie d'un dialogue avec l'extrême droite intellectuelle. Il ne sera pas le dernier à aller de surprise en surprise. Son étonnement prémonitoire annonçait la « stupéfaction » qui motiva en 2002 l'enquête de Daniel Lindenberg sur les nouveaux réactionnaires, *Le Rappel à l'ordre*, et la « sidération » qui amena en 2019 Michaël Fœssel à s'inquiéter dans *Récidive, 1938* d'une atmosphère préfasciste en France. S'alarmer de cette dérive, de ces glissements, confusions et compromissions, et alerter celles et ceux qui avaient pu s'y égarer de bonne foi, fut la première motivation de l'appel. Et le cœur du propos de ses auteurs.

Cette opération, y lit-on, « s'inscrit dans l'actuelle stratégie de légitimation de l'extrême droite, qui fait feu de tout bois. Cette stratégie profite de la multiplication de dialogues et de débats autour, par exemple, de ce qu'on appelle pour le moins légèrement la fin des idéologies, de la disparition supposée de tout clivage politique entre la gauche et la droite, du renouveau présumé des idées de nation et d'identité culturelle. Cette stratégie se nourrit aussi de la dernière thèse à la mode, qui dénonce l'antiracisme comme à la fois "ringard" et dangereux. De la part des auteurs, des éditeurs et des responsables de la presse écrite et audiovisuelle, ces manœuvres ne semblent pas encore susciter la défiance qui s'impose. Par manque d'information ou de vigilance, par scrupule envers la liberté d'expression, par souci d'une tolérance sans limites, bon nombre d'entre eux, et des plus estimables, font aujourd'hui, sans le vouloir, le jeu de cette opération de légitimation. À la faveur de ces complicités involontaires, nous craignons de voir prochainement se banaliser dans notre vie intellectuelle la présence de discours qui doivent être combattus parce qu'ils menacent tout à la fois la démocratie et les vies humaines».

Mais, bien plus que ces complicités involontaires, par ignorance ou par naïveté, ce sont les compromissions consentantes qui suscitaient l'inquiétude de Maurice Olender, comme l'expliqua un article de Roger-Pol Droit accompagnant la publication de l'appel dans *Le Monde* du 13 juillet 1993. Intitulé « La confusion des idées », constat qui hélas aura de l'avenir, il décrivait fort bien le terreau favorable à ce tournant radicalement réactionnaire et conservateur du débat public où il discernait « un risque politique majeur ». À trente ans de distance, la lecture de cette mise en garde montre bien qu'il n'y eut aucune fatalité, notamment technologique, à ce basculement : ce ne sont pas les réseaux sociaux et l'avènement d'un nouvel âge des foules, avec ses meutes, ses suivismes et ses conformismes, qui en sont responsables, mais bien l'idée que se font du débat public ses principaux acteurs, journalistes, intellectuels, élus et gouvernants. Et, surtout, les transgressions politiques dont ils sont les artisans, faisant tomber la barrière éthique face aux idéologies de l'inégalité naturelle.

« Au fil des ans, écrit Roger-Pol Droit, des causes multiples et très diverses ont amoindri la tradition de vigilance. Parmi celles-ci, la dégradation de certains aspects de notre vie intellectuelle mériterait une longue analyse. Il faudrait comprendre comment le débat public s'est transformé en spectacle, comment s'est pris le pli de tout laisser dire et de "dialoguer" au lieu de combattre. Il faudrait suivre l'itinéraire de prétendus penseurs à la recherche de coups médiatiques plutôt que de cohérence. Il faudrait également prendre en compte les désillusions entraînées par la politique des socialistes et par l'installation du Front national sur la scène publique. Il faudrait y ajouter enfin les répercussions considérables des événements internationaux, de la chute du mur de Berlin à la ratification du traité de Maastricht, en passant par la guerre du Golfe. Chacun d'eux a entraîné des bouleversements dans les clivages politiques et idéologiques antérieurs. Beaucoup ont le sentiment que les cartes doivent aujourd'hui se redistribuer dans tous les domaines. Faut-il croire pour autant que le jeu tout entier soit changé ? De vieux périls demeurent sous la nouveauté des situations. Ce qu'exige la "lucidité civique" est exactement à l'opposé de la confusion des idées : la fermeté sur les principes et la vigilance. Aujourd'hui comme hier. »

Le cas le plus emblématique de cette ère de confusion, dont la mise en évidence par *Le Monde* suscita émoi et polémique, était celui de Pierre-André Taguieff. Au tout début des années 1980, alors engagé auprès de la gauche socialiste, ce chercheur s'était fait connaître par ses travaux sur la Nouvelle Droite, décryptant avec une méticulosité d'entomologiste la « tactique de brouillage idéologique systématiquement mise en œuvre par le GRECE » et par Alain de Benoist. Or, comme s'il s'était laissé happer par son objet d'étude, il en vint lui-même à tomber dans le piège, signant dès 1985 un article dans *Éléments* que la revue s'empressa de titrer: « Le dialogue est aujourd'hui possible ». « Nous sommes à la croisée de chemins qui ne sont pas encore tracés », écrivait-il. Le chemin n'a pas tardé à se dessiner: à partir du début des années 1990, campant dans une posture qu'il n'a cessé d'approfondir, de livre en livre, tant sa production est abondante, Pierre-André Taguieff est devenu le premier pourfendeur de l'antiracisme, assimilé à une vulgate et à une propagande.

« Face au racisme, l'antiracisme ne suffit pas », a-t-il commencé par affirmer en 1991, estimant que « le problème du racisme est infiniment moins simple qu'on ne pense ». Une lecture superficielle pouvait laisser croire qu'il entendait seulement critiquer l'exploitation politique de la cause antiraciste par le pouvoir socialiste alors en place, dont SOS Racisme fut le symbole. Mais il suffisait de le lire au plus près pour constater combien son propos était éloigné des critiques de cette instrumentalisation, portées notamment par les héritiers de la « Marche pour l'égalité et contre le racisme » de 1983. Sous l'apparente déconstruction d'un antiracisme démagogique ou cynique, Pierre-André Taguieff visait précisément les revendications léguées par une question coloniale toujours non résolue en France. Ses cibles étaient déjà le multiculturalisme, le droit à la différence, le tiers-mondisme, voire l'anti-occidentalisme. Au point de ne pas hésiter, s'abritant derrière le politologue américain Carl J. Friedrich, à rapprocher Frantz Fanon d'Adolf Hitler, assimilant *Les Damnés de la terre* à une défense de la « supériorité de race ».

Depuis, sous l'apparence d'une approche scientifique et d'un verbiage savant, son travail n'est plus devenu qu'une critique politique des mouvements antiracistes et des nouvelles radicalités avec pour ressort idéologique une conception conservatrice de la nation, dont l'unité et l'identité seraient menacées de l'extérieur – l'Europe, et toute exigence supranationale – et de l'intérieur – les minorités, et toute conscience postcoloniale. En 1993, sa réputation et sa notoriété de spécialiste du racisme amenèrent nombre d'intellectuels à s'étonner qu'il puisse être l'une des cibles de l'« Appel à la vigilance ». Pourtant, cette même année, Pierre-André Taguieff avait déjà largué les amarres du combat antiraciste pour un voyage qui allait l'entraîner bien loin, puisqu'on le retrouve aujourd'hui sur les rives du « grand remplacement », aux côtés de Michel Houellebecq et de Renaud Camus.

Au printemps 1993, tournant le dos à la « réforme intellectuelle et morale de la lutte contre le racisme » qu'il appelait de ses vœux deux ans auparavant, Pierre-André Taguieff écrivait ceci, en conclusion d'un article de la revue *Esprit* titré « Comment peut-on être antiraciste ? » : « Au terme de cette analyse, on est conduit à refuser toute spécificité aux processus et aux phénomènes ordinairement caractérisés en tant que "racistes". On peut en déduire l'effacement de la valeur conceptuelle du terme de "racisme" et, partant, la nécessité d'éviter l'emploi d'un tel terme, voué à ne fonctionner que dans des contextes polémiques où il s'agit d'illégitimer des adversaires. Dans cette perspective, le mot "racisme" se réduit à n'être qu'un opérateur d'illégitimation applicable à toute attitude ou à tout comportement qu'un sujet se propose de dénoncer, de condamner ou de combattre. » En langage clair, selon la traduction qu'en fit dans *Le Monde* Roger-Pol Droit : « N'allez surtout pas croire que le racisme ait la moindre réalité, ce n'est qu'une injure à éliminer. »

Trente ans plus tard, on retrouve Pierre-André Taguieff dans le même numéro de la revue *Front populaire* où Michel Houellebecq et Michel Onfray s'accordent sur le péril du « grand remplacement ». Énième réquisitoire contre l'antiracisme, sa contribution est une dénonciation de la « mixophilie », terme qu'il a forgé pour caractériser la « sacralisation du métissage ». La définition qu'il en propose, où il prétend débusquer un projet cosmopolite universel, n'est pas sans relents complotistes : « Son objectif déclaré, écrit-il, est de réaliser par la multiplication et la banalisation des croisements interraciaux l'unité réelle de l'espèce humaine, ce qui présuppose que les appartenances ou les identités raciales constituent des obstacles sur le chemin du cosmopolitisme. » En lisant non sans accablement ces lignes dignes d'un pamphlétaire d'extrême droite, comment ne pas penser à la clairvoyance de Maurice Olender sur le couple infernal que peuvent constituer de prétendues sciences et de véritables racismes ?

Pour le Pierre-André Taguieff de 2023, toujours dans *Front populaire*, « la doxa intellectuelle contemporaine est fondée sur quatre piliers » : « échange », « mélange », « diversité », « changement ». On en déduit aisément que la résistance à cette « orthodoxie consensuelle » devrait reposer sur les mots contraires : séparation, pureté, unicité, immobilité. Ces « quatre objets de culte », poursuit-il, auraient pour « horizon commun celui du cosmopolitisme », dont « wokisme » et « écoféminisme » seraient les nouveaux symboles. Le reste est tristement à l'avenant : « La mixophilie est devenue le drapeau du nouveau parti du Bien » ; « Pour les mixophiles, le seul bon "sang", c'est le "sang mêlé" ».

Mais le pire est à venir, dans une charge délirante contre la « créolisation », pensée il y a bien longtemps par Édouard Glissant comme un imaginaire des identités-relations. Elle serait en réalité le programme d'un « changement de population », autrement dit, nous y voilà, d'un « grand remplacement ». Pierre-André

Taguieff fait ainsi cette « hypothèse » sur « l'objectif politique réel et la stratégie des idéologues néogauchistes de la "créolisation" en France : favoriser par tous les moyens le grand remplacement pour prendre le pouvoir ». Cette démonstration surabondante, par l'intéressé lui-même, que l'intuition des vigilants de 1993 était pertinente, se termine logiquement par une critique de l'idéal d'égalité, Pierre-André Taguieff voyant dans le métissage, « tel qu'il est fantasmé par les néo-antiracistes », « la grande révolution finale de l'égalité universelle : l'égalisation comme indifférenciation ».

Quelques pages plus loin de ce même numéro de *Front populaire*, où l'on croise aussi une essayiste islamophobe, un intellectuel maurrassien et un économiste poutinien, c'est l'inventeur du « grand remplacement » qui en offre la synthèse. S'en prenant au « dogme de l'inexistence des races », Renaud Camus s'y alarme d'une époque où « l'ennemie suprême est la discrimination [...] devenue le crime entre les crimes ». « Naturellement, conclut-il, c'est l'égalité qui préside à toutes ces évolutions et leur sert de superstructure idéologique. »

L'égalité, tel est bien leur ennemi commun. La promesse qu'il faut empêcher. L'espérance qu'il faut ruiner. Le principe qu'il faut abattre.

6.

« Nous voulons dissiper la confusion croissante entre la liberté d'expression et la complaisance irréfléchie qui bénéficie aux ennemis des libertés. Nous avons décidé de ne pas tolérer ce qui nous paraît intolérable. »

Dans les archives déposées par Maurice Olender à l'Institut Mémoires de l'édition contemporaine (IMEC), sis à l'abbaye d'Ardenne, on trouve une première ébauche, dont cette citation est extraite, de ce qui deviendra l'« Appel à la vigilance ». Elle fut rédigée à l'issue d'une réunion de ses initiateurs, le 16 janvier 1993, six mois avant la publication de la version finale. Plus courte et plus sommaire que celle-ci, plus affirmative et moins explicative, elle en est assez éloignée, relevant plutôt d'un appel classique à se mobiliser contre l'extrême droite, que résume cette injonction : « Face à la montée des menaces contre la démocratie, nous refusons la montée des indifférences. » Surtout, la question spécifique de la responsabilité des intellectuels devant la stratégie de légitimation des idéologies d'extrême droite n'y est pas encore développée, alors qu'elle deviendra centrale dans l'ultime version.

Mais ce premier brouillon énonce déjà l'autre question centrale soulevée par l'« Appel à la vigilance », celle de l'éthique démocratique du débat public. Si son évocation explicite de l'« attitude des médias » ne fut pas conservée, elle inspire l'engagement qui conclut le texte final de « refuser toute collaboration à des revues, des ouvrages collectifs, des émissions de radio et de télévision, des colloques dirigés ou organisés par des personnes dont les liens avec l'extrême droite seraient attestés ». Loin d'une proclamation sectaire, cette revendication d'une nécessaire distance exprime une conception offensive de la démocratie : la protéger et la défendre supposent de ne pas pactiser avec la négation de ses principes fondamentaux, au premier chef desquels l'égalité en dignité et en droits des êtres humains.

Telle est l'actualité brûlante de l'« Appel à la vigilance ». Car, en l'espace de trente ans, nous voici passés d'une prémonition à une certitude. Au spectacle contemporain de médias où la liberté de parole est devenue l'alibi de la libération du racisme, sous des formes aussi bien grossières que sophistiquées, habillées de peurs sécuritaires comme de théories scientistes, ce texte de 1993 semble avoir été écrit pour nous, aujourd'hui même. De médias de masse, radios et télévisions en accès libre et continu, à des réseaux sociaux numériques, où se déploie un anonymat irresponsable, nous sommes désormais confrontés à l'avènement d'une démocratie d'opinion qui est le contraire d'une démocratie informée, respectueuse d'elle-même et consciente de sa fragilité. Dès lors, cette interpellation ne concerne pas que le monde intellectuel, la responsabilité des savants, des universitaires et des chercheurs, auxquels elle s'adressait prioritairement en 1993, mais tout un chacun, notre responsabilité à toutes et à tous.

Les citoyennes et citoyens que nous sommes peuvent-ils accepter que les armes de la démocratie soient retournées contre elle ? Décisive, cette question de philosophie politique, pas du tout abstraite tant ses conséquences sont concrètes, habitait Maurice Olender avant qu'il ne passe à l'action en impulsant cette invitation à redoubler de vigilance contre les idées d'extrême droite. Il avait pressenti, bien avant d'autres, que l'époque inédite et incertaine qui s'ouvrait à partir du tournant des années 1990 obligerait les démocraties à, de nouveau, faire l'expérience de leur précarité. Depuis, l'hypothèse est devenue réalité, de l'assaut contre le Congrès américain des partisans de Donald Trump en janvier 2021 à celui des soutiens de Jair Bolsonaro contre les symboles de la démocratie brésilienne en janvier 2023, en passant par le basculement de la Russie postsoviétique dans un régime dictatorial maquillé de procédures électives.

Cette inquiétude visionnaire inspirait déjà le numéro 26 du *Genre humain*, la revue de Maurice Olender, publié en novembre 1992, à l'enseigne de cette interrogation : « Faut-il avoir peur de la démocratie ? » « Dans l'Europe du XXe siècle, à deux reprises, on a pu voir s'imposer *démocratiquement* des régimes qui en niaient les institutions et les valeurs : en Italie (1922) et en Allemagne (1933) », rappelle-t-il dans sa présentation, soulignant le mot essentiel. La leçon qu'il faut en tirer, poursuit-il, c'est que « préserver l'équilibre toujours fragile du système démocratique suppose que le citoyen exerce toute sa lucidité et sa vigilance pour identifier à temps, afin de pouvoir les combattre, les mouvements de pensée qui peuvent, à l'occasion de circonstances historiques nécessairement imprévisibles, conduire à l'une ou l'autre tyrannie ». Puis, évoquant une invitation au dialogue de néonazis par une chaîne publique ou la légitimation d'idéologues d'extrême droite par leur accès aux médias, il énonce ce qui sera l'enjeu même de l'« Appel à la vigilance » : « Au nom des principes de la démocratie, on est en droit, dans les domaines politique, culturel ou autre, de ne pas dire oui à tout dialogue, à toute rencontre, car il faut éviter que la confrontation laisse croire à une équivalence entre des choix dont certains détruisent l'idéal démocratique. »

Deux mois plus tard, en janvier 1993, l'idée de traduire cette conviction en action naît lors d'une soirée amicale en compagnie d'Yves Bonnefoy et de son épouse Lucy Vines. « Il nous vint à l'esprit, racontera plus tard ce poète majeur qui fut professeur au Collège de France, qu'il était grand temps de faire quelque chose, et que cela pourrait être la création d'un comité de vigilance, pour mettre en garde. [...] Maurice se mit aussitôt au travail, et bientôt le comité fut en place. » Pour un homme né en 1923, l'appellation était évidemment une réminiscence du « Comité de vigilance des intellectuels antifascistes » créé en mars 1934 en réaction aux violences antiparlementaires du 6 février 1934. « J'ai proposé de faire autre chose qu'une pétition de plus contre l'extrême droite, précisera de son côté Maurice Olender, en 2017, dans un entretien sur France Culture. Il nous fallait mettre en évidence la fragilité de toute démocratie pour dire qu'il y a des limites qu'il serait périlleux de dépasser. »

« Autre chose », en effet. Il y avait eu auparavant foultitude d'appels face à la montée de l'extrême droite, de ses suffrages et de ses idées. Mais l'un d'entre eux s'en distinguait dont Maurice Olender va s'inspirer, élargissant le propos et démultipliant l'impact. Cet « Appel à la prise de conscience et à l'action dans les universités » fut lancé en mai 1990 par le mathématicien Michel Broué qui avait fédéré autour de lui son collègue Laurent Schwartz, le biologiste François Jacob, l'historienne Madeleine Rebérioux et les historiens Jacques Le Goff et Pierre Vidal-Naquet. À l'adresse du monde académique, il appelait « à confondre et à isoler » les universitaires qui, à l'instar des négationnistes de la Shoah, sont des « falsificateurs de l'histoire », mais aussi ceux soutenant « publiquement l'entreprise de haine xénophobe et raciste qui, sous les couleurs du nationalisme, n'est que la négation des valeurs authentiques de la France républicaine ». La conclusion de cet appel se retrouvera dans l'engagement de mise à distance qui conclut l'« Appel à la vigilance » : « Nous nous engageons à refuser de siéger à côté d'eux dans les instances scientifiques, dans les jurys de maîtrise, de thèse et de concours. »

Tout comme la sauvegarde du vivant, et donc de notre espèce, la survie des démocraties, et donc de nos espérances, suppose un principe de précaution. Il ne s'agit aucunement de les prétendre parfaites et, à ce titre, incontestables, alors que nous les savons pertinemment inachevées, traversées d'inégalités et d'injustices. Mais, pour pouvoir continuer à les améliorer et à les approfondir, par l'élargissement de l'horizon des droits et des libertés, nous devons veiller à ne pas donner crédit aux idéologies de la haine de l'égalité et du rejet de l'humanité, qui conduisent à la destruction de cet idéal commun en imposant la suprématie d'une identité, d'une origine, d'une culture, d'une religion, d'un genre, etc.

À l'époque de l'« Appel à la vigilance », trois de ses quarante premiers signataires, peu suspects de sectarisme ou d'intolérance, en déplièrent le propos pour faire la pédagogie de cette éthique démocratique : Jean-Pierre Vernant, Umberto Eco et Nicole Loraux. Les relire aujourd'hui fait souffler un vent d'air frais dans l'atmosphère empestée de ce qu'est devenu le débat public français.

Philosophe et historien, spécialiste de la Grèce antique, Jean-Pierre Vernant fut aussi un grand résistant à Toulouse, fait Compagnon de la Libération en 1946. C'est lui qui monte le premier au créneau, donnant une interview au *Monde* le 8 juin 1993, plusieurs semaines avant la publication de l'appel. Le point de départ de sa réflexion est l'émergence chez les Grecs du politique comme art de vivre en commun. « L'exemple grec peut nous conduire à réfléchir à la fragilité de nos constructions, explique-t-il.

Les valeurs auxquelles nous tenons, et en particulier celles de la démocratie, nous savons qu'elles peuvent disparaître si on ne les défend pas incessamment. Il faut donc constamment refaire le tissu social et étendre les libertés si nous ne voulons pas les voir périr. » Faisant le pronostic que « les démocraties n'ont pas fini d'en voir » tant « un horizon d'attente fait actuellement défaut », il ne cache pas son pessimisme : « Nous sommes dans la nuit par rapport à ce que nous sommes en train de vivre et de devenir. » Mais c'est pour mieux appeler à ne pas céder à la confusion et au désarroi. Ce qui suppose de « savoir distinguer entre les gens avec lesquels on peut dialoguer, et ceux avec lesquels il n'en est pas question ».

« Je crois pourtant être hospitalier, précise alors Jean-Pierre Vernant. Les Grecs anciens disaient que, quand on frappe à votre porte, c'est peut-être un dieu qui vient voir si vous êtes toujours disponible. C'est pourquoi ma porte et ma table sont toujours ouvertes. Je suis prêt à expérimenter tous les plats qu'on voudra, même les plus étrangers à mon goût et à mon régime. Mais on ne discute pas recettes de cuisine avec des anthropophages. Je ne souhaite ni partager leur repas ni les inviter à ma table. Le débat, autant que la commensalité, l'échange des idées comme celui de la nourriture obéissent à des règles. S'affronter en une libre discussion, pour en revenir à nos Grecs, est du même ordre à leurs yeux que siéger en convive à un banquet commun : il faut des manières à table. »

Dans l'espace et le débat publics, il faut donc savoir se tenir. Affaire d'allure et de contenance, de port et de prestance. De respect des autres et de soi-même. De respect, surtout, de l'idéal qu'on entend défendre et promouvoir. Immense érudit, mondialement connu par son œuvre romanesque, le linguiste et sémiologue italien Umberto Eco est sur ce même registre esthétique du maintien corporel dans l'entretien qu'il accorde au *Monde* le 5 octobre 1993, en prolongement de sa signature de l'appel. S'alarmant « d'une confusion dangereuse entre les mutations historiques que nous sommes en train de vivre et une sorte de laisser-aller intellectuel et moral », il revendique de « tracer la frontière entre ce qui est tolérable et ce qui ne l'est pas ». « Pour être tolérant, insiste-t-il, il faut fixer les limites de l'intolérable. » Et, parmi ces limites, il y a le « respect du corps » : « Toutes les formes de racisme et d'exclusion sont finalement des manières de nier le corps de l'autre. On pourrait relire toute l'histoire de l'éthique sous l'angle des droits du corps, et des rapports de notre corps au monde. »

L'éthique de la démocratie est une esthétique de la relation, de l'échange et de l'écoute. Historienne et anthropologue de la cité grecque, Nicole Loraux explique ainsi sa signature de l'appel en opposant le dialogue, entendu comme un face-à-face entre des idées mises sur un pied d'égalité, et le débat, conçu comme une discussion collective de positions qui assument leur conflit: « Il ne faut pas confondre l'affrontement contradictoire en public, qui appartient à la démocratie, et l'échange de paroles qui met les interlocuteurs sur le même plan et instaure entre eux une sorte de complicité. » Interrogée à son tour par *Le Monde* du 13 septembre 1994, elle décrit une situation de piège et de capture qui évoque irrésistiblement l'acceptation, de nos jours, par certains responsables politiques de mises en scène télévisuelles de leur confrontation avec les propagandistes du nouveau fascisme, au premier chef d'entre eux Éric Zemmour.

« Dans un "face-à-face" télévisé, explique-t-elle, les deux interlocuteurs qui paraissent l'un en face de l'autre n'ont en fait qu'un projet: nous atteindre. Cependant ce n'est pas au public qu'ils s'adressent directement, ou du moins c'est à un public atomisé, où l'individu dans son isolement n'est pas en mesure de sentir son lien étroit avec une collectivité. Si bien que chaque spectateur, devant son écran de télévision, a l'impression d'être le seul témoin d'un échange privilégié. Le problème est qu'alors il prend de fait des décisions, sans vraiment le savoir dans l'instant. Analyser toutes les conséquences de ces fictions nous entraînerait fort loin. Je voulais seulement rappeler que combattre ses adversaires, dans un régime démocratique, ne signifie pas, n'a jamais signifié dialoguer avec eux. »

Dans cet entretien, Nicole Loraux répond par avance au refrain qu'entonneront toujours celles et ceux que ces mises en garde dérangent dans le confort de leurs résignations ou de leurs compromissions. « On nous dit que l'histoire ne se répète pas, et que nous vivons une situation très différente de celle des années 1930, réplique-t-elle. Ceux qui tiennent ce genre de propos se sentent très modernes, et refusent de répéter des attitudes qu'ils jugent totalement dépassées. Mais ils ne s'aperçoivent pas que leur refus appartient également à une réalité qui paraît se répéter, car lors de la montée des fascismes dans les années 1930 beaucoup d'intellectuels n'ont pas voulu voir ni entendre. Il me semble que cette attitude a une raison profonde : il n'est pas facile de reconnaître qu'on a un adversaire. Bien qu'il soit constitutif – j'en suis convaincue – de la vie politique, le conflit est l'objet d'une grande cécité, aussi bien chez les individus que dans les collectivités. Tout simplement parce qu'une situation de conflit est par définition pénible à assumer. Reconnaître qu'on a un adversaire, c'est admettre qu'on va, qu'on doit le combattre, ce n'est pas penser qu'on va le convaincre. L'idée que l'on peut et que l'on doit dialoguer avec tout le monde est sans doute apaisante, mais elle est absurde et dangereuse. »

Loin d'être conjoncturelle, la question posée par l'« Appel à la vigilance » était donc aussi vieille que l'émergence d'un espace public. Comment faire en sorte qu'il ne cède pas aux démagogues, qu'il sache se tenir et qu'il ne se laisse pas aller ? Comment éviter qu'il ne devienne un défouloir de haines et une foire d'empoigne ? Comment empêcher qu'il soit envahi par les préjugés, les rumeurs, les mensonges, les propagandes, au détriment des vérités de fait, des savoirs véritables et des connaissances vérifiées ? Comment y faire barrage à des idéologies qui, au nom de la liberté d'expression, du droit de tout dire, y compris des horreurs et des ignominies, se dressent contre les fondements mêmes de l'idéal démocratique ? Comment y promouvoir une discussion éclairée, informée et documentée, en lieu et place des émotions, de l'immédiateté et de la superficialité ? Comment le protéger des mouvements de foule, des aveuglements moutonniers, des conformismes grégaires ? Comment éviter que la déraison des opinions n'y prenne le pas sur la raison des informations ? Bref, comment réussir à le réguler afin que la démocratie ne tombe pas, victime d'elle-même ?

Trente ans après qu'elle a été lancée, cette mise en garde, loin de dater, est encore plus pertinente. Car, entretemps, la révolution numérique a radicalement modifié l'écosystème de la communication, de l'accès aux informations et de la circulation des opinions. Entre potentialités démocratiques et régressions autoritaires, elle est aujourd'hui au milieu du gué, attendant l'invention de régulations nouvelles qui la préservent des prédations économiques, des surveillances étatiques et des manipulations idéologiques. Mais, surtout, son avènement a précipité un basculement des médias de masse, radio et télévision, vers le règne des opinions au détriment des informations. De talk-shows, dont les intervenants s'autorisent de leurs seules convictions, en émissions de divertissement, dont la quête d'audience passe par la recherche du clash, la liberté de dire y devient irrésistiblement l'adversaire du droit de savoir. Elle détruit toute perception reconnue de la réalité et de la vérité au profit d'un relativisme général qui autorise le préjugé et déchaîne la violence.

« La liberté d'opinion est une farce si l'information sur les faits n'est pas garantie et si ce ne sont pas les faits eux-mêmes qui font l'objet du débat » : la réflexion d'Hannah Arendt, en 1967, dans *Vérité et politique*, est plus actuelle que jamais. Un monde où ne règnent plus que les opinions n'est plus un monde commun. Il ouvre la voie à la guerre de tous contre tous, chacun se revendiquant de soi-même, de son identité, de son origine, de sa croyance, de sa communauté, de ses convictions, etc., pour refuser de construire un vivre ensemble, rejeter l'autre, ne plus le tolérer et l'accepter. Dès lors, une régulation démocratique de l'espace public ne saurait admettre que des opinions niant la démocratie elle-même, notamment sa promesse d'égalité des droits, puissent être diffusées sans entraves, sur des ondes ou des écrans en accès libre, utilisant des fréquences qui sont des biens publics. *A fortiori* des idéologies meurtrières telles que le « grand remplacement », cette mise en scène d'envahisseurs allogènes qui mettraient en péril la survie d'un peuple supposé authentique.

Cette même année 1993, le 8 avril, une radio déposait ses statuts dans un pays francophone du continent africain, le Rwanda. Leur préambule se revendique de la liberté d'expression : « Encouragés par l'évolution positive du pluralisme démocratique ; convaincus de la nécessité permanente de renforcer la démocratie pluraliste et les institutions républicaines ; décidés à faciliter la circulation des idées diversifiées qui seules permettent le développement harmonieux de la société ; déterminés à contribuer à l'éducation du peuple et à lui transmettre l'information juste, objective et variée ; les soussignés ont décidé de créer une Radio Télévision Libre. »

Le 8 juillet, cinq jours avant la parution de l'« Appel à la vigilance », RTLM, pour « Radio-Télévision libre des Mille Collines », commençait à émettre. Un an plus tard, le génocide des Tutsi avait fait près d'un million de morts. Or RTLM en fut l'un des principaux médias. Émettant sur tout le pays, elle agrémentait de musique entraînante et de chanteurs en vogue des appels à éliminer les Tutsi, ressassés avec gouaille par les journalistes les plus virulents venus de la presse extrémiste. Son influence fut telle qu'on évoqua, par la suite, un génocide commis avec une machette dans une main et un transistor dans l'autre.

Loin d'être une monstruosité africaine, l'idéologie de ce crime contre l'humanité ne nous est pas étrangère, par-delà les complicités étatiques françaises avec les génocidaires rwandais. Une mythologie raciste discrimina, sous les étiquettes hutu et tutsi, des autochtones et des envahisseurs. Cette idéologie dite hamitique distinguait les « vrais Africains » des « faux nègres », instaurant une hiérarchie inspirée de l'*Essai sur l'inégalité des races humaines* de l'écrivain et diplomate français Gobineau. Son schéma racial reproduisait le fantasme qui a produit le génocide des juifs en Europe : l'opposition des Aryens et des Sémites, ce « couple providentiel » que Maurice Olender a minutieusement déconstruit.

La « responsabilité sémantique » à laquelle il appelait scientifiques et journalistes est bel et bien un impératif démocratique. Si l'on n'y prend pas garde, la liberté de dire, de tout dire, même le pire, surtout le pire, peut devenir la liberté de tuer.

7.

« Je recommande le désespoir comme point de départ. Il est dans la nature même de l'action, de l'action juste, de le faire reculer pour le remplacer par autre chose : l'impossible espoir, par exemple. »

L'un des derniers écrits publiés de Maurice Olender, un an avant sa disparition, est une préface à un livre de David Shulman, *Un si sombre espoir*. Emprunté à ce dernier, le pessimisme tonique qui l'inspire est un éloge du réfractaire. Une invite à dire non, même si c'est sans espoir. À dire non, ne serait-ce que pour sauver l'espoir.

C'était, dans la collection qu'il dirigeait aux Éditions du Seuil, le troisième livre qu'il publiait de ce professeur d'études indiennes et de religion comparée à l'Université hébraïque de Jérusalem, également poète et écrivain, qu'il avait connu par l'indianiste Charles Malamoud, l'un des quarante premiers signataires de l'« Appel à la vigilance ». Et c'était le deuxième consacré à Ta'ayush, un mouvement israélo-palestinien dont David Shulman est l'un des fondateurs, mouvement de protestation civile pour la paix et contre la colonisation dans la tradition de non-violence de Gandhi et de Martin Luther King. Ta'ayush, soit en arabe « coexistence », de *ta'ayasha*, « vivre ensemble ».

Reprenant à son compte cette recommandation de David Shulman, citée dans sa préface, Maurice Olender en revendiquait la morale spinoziste. Cette responsabilité éthique n'a rien à voir avec l'indignation morale qui se donne bonne conscience à peu de frais. Ni non plus avec l'optimisme superficiel qui veut se rassurer à tout prix. C'est plutôt une façon sereine d'aller au rendez-vous de soi-même et de sa liberté, sous la forme de l'évidence, sans grand discours ni longue théorie. « Au moins peut-on se regarder dans la glace sans dégoût », écrit David Shulman dans le premier livre sur Ta'ayush, après avoir constaté combien les actions de ce mouvement sont impuissantes, ne réussissant pas à empêcher la course vers le pire d'Israël, la poursuite de la colonisation et la montée de l'extrême droite. « C'est peu de chose que d'être juste, ajoute-t-il. C'est un désastre d'être sûr de son droit. Seul compte de faire ce qu'on peut. »

Faire au moins ce qu'on peut… Aucunement militant, à l'écart de toute chapelle, coterie ou affiliation, Maurice Olender fut de ces hommes libres qui ont fait ce qu'ils pouvaient quand tant d'autres, bardés de certitudes et d'engagements, trouvaient de bonnes raisons pour s'abstenir ou se dérober. S'il avait tenu à traduire et à publier, à rebours de tout calcul commercial, ces deux volumes sur Ta'ayush, c'est parce qu'il se reconnaissait dans cette résistance de principe, à contre-courant des conformismes et des manichéismes. Par le hasard du destin, sa dernière interview, le 18 septembre 2022, est un commentaire dans *The Times of Israël* sur la signification de ces parutions, où il confie : « Les vieux textes hébreux savaient qu'il fallait, dans toute société, face au pouvoir politique, trop souvent violent, des intellectuels qui rêvent d'un autre monde. »

Juif laïc, Maurice Olender a exercé son métier d'homme dans la fidélité à cette longue durée de survie et de résistance, entêtées et tenaces, léguée à l'humanité par l'histoire diasporique du peuple juif face aux stigmatisations et aux persécutions. Du génocide nazi qui tenta d'effacer à jamais ce message – ce « dépôt de cendres » qu'il évoquait à propos de l'atmosphère familiale –, il n'a pas conclu qu'un statut de victime lui donnait des droits mais, tout au contraire, qu'un héritage de survivant lui transmettait des devoirs. Loin de se laisser enfermer, comme d'autres, hélas, dans la clôture identitaire, où la tribu prend le pas sur l'humanité, il a donné, à la place qui était la sienne, toute sa mesure au message universel d'égalité des droits porté par le refus ancestral de s'effacer, de s'assimiler, de disparaître, parce que l'on serait né autre – en l'occurrence parce que l'on est né juif ou juive.

À sa manière subtile, élégante et discrète, c'est ce que signifiait sa volonté farouche de publier les récits de Ta'ayush. Il importe de lire ce que dit David Shulman dans ces deux livres en ayant en mémoire que le père de Maurice Olender fit son Alya et mourut en Israël. « Un jour, ce conflit trouvera sa résolution, mais aujourd'hui il y a beaucoup à faire, écrit ce savant indianiste devenu militant activiste. La réalité quotidienne est pratiquement insupportable. Je ne pouvais plus la tolérer en restant assis à mon bureau. Je me sens responsable des atrocités commises en mon nom, par la moitié israélienne de l'histoire. Laissons les Palestiniens prendre leurs responsabilités face à celles que l'on commet en leur nom. De notre côté, il y a l'entreprise, toujours en cours, des colonies, installées sur une terre annexée dans l'intention manifeste de rendre malaisé tout compromis. Et cette forme de violence, qui a fait des ravages dans tous les Territoires – et nous oblige à faire face à une sorte d'État dément et rapace de colons et de soldats de l'autre côté de la Ligne verte –, s'accompagne d'une violence inacceptable du cœur et de l'esprit : l'égoïsme borné et autosatisfait du nationalisme moderne. »

Repli sur une identité fermée aux autres et au monde, la supériorité proclamée d'une origine, d'une identité, d'une nation, d'un peuple, d'un État, nourrit le préjugé, habitue aux discriminations et, au bout du compte, fait le lit du racisme. Sous toutes les latitudes et dans toutes les cultures, sa banalisation et sa notabilisation sont indissociables de l'ascension des nationalismes. Elles s'entretiennent l'une l'autre. C'est ce qui arrive à Israël où l'entêtement à nier les droits des Palestiniens et la poursuite de la colonisation illégale de leurs territoires ont conduit à la libération du racisme, au point que, fin 2022, les partis qui l'assument en idées et le promeuvent en actes sont parvenus au pouvoir. Comme toujours, dans un emboîtement fatal de poupées gigognes, cette idéologie suprémaciste, de pureté et d'uniformité, dont les Arabes palestiniens sont la cible première, s'en prend à toutes les minorités qui la contrarient, la contredisent ou la contestent. À l'instar de ses équivalentes sous d'autres cieux et dans d'autres contextes, l'extrême droite israélienne est notoirement homophobe, sexiste, anti-LGBT, mais aussi adversaire résolue d'une justice indépendante, d'une presse libre, d'une cour suprême et, plus généralement, de libertés fondamentales s'imposant aux gouvernements et aux États.

Ce basculement tragique, sur lequel Maurice Olender avait choisi d'alerter en publiant les récits du « combat pour la paix » de Ta'ayush, ne confirme pas seulement cette sagesse qu'un peuple qui en opprime un autre ne saurait être libre. Il dit, plus essentiellement, qu'ignorer ou mépriser l'autre, c'est finir par s'oublier et se négliger soi-même. Qu'à force de lui dénier ses droits, on en vient à ruiner les siens propres. Et que, dès lors, il n'y a pas plus terrible poison pour une société démocratique que de s'habituer au racisme, c'est-à-dire à ce que des êtres humains n'aient pas les mêmes droits que d'autres à raison de leur origine. D'où l'impératif de ne jamais tolérer les idéologies qui le prétendent et le proclament, avant même que ne se produisent les actes qu'elles inspirent et qui en découlent. Sinon, pour le dire tout net, les démocraties peuvent en mourir.

Cette lucidité, qui n'a jamais quitté Maurice Olender dans son chemin de vie, est au ressort de l'« Appel à la vigilance ». Aussi son message porte-t-il au-delà de l'époque et du pays qui l'a vu naître. C'est une alerte destinée à notre monde, aujourd'hui même, en dehors des frontières françaises. Si la France fut son terrain privilégié d'observation, l'extrême droite identitaire dont il pressentait la renaissance est devenue de tous lieux et de toutes nations, défiant notre présent. Partout, « l'égoïsme borné et autosatisfait du nationalisme moderne » dénoncé par David Shulman est de retour, sous des formes nouvelles et variées, plus ou moins extrêmes ou agressives, mais qui ont toutes en commun de s'en prendre à la diversité de l'humanité et à l'universalité des droits.

Il ne l'écrit pas par hasard : parue en 2018, la bible intellectuelle de ce nationalisme moderne, dont se réclament notamment les courants néoconservateurs états-uniens et européens, est l'œuvre d'un intellectuel israélien, Yoram Hazony. Son livre, *Les Vertus du nationalisme*, dont l'édition française est préfacée par un propagandiste d'extrême droite, Gilles-William Goldnadel, se veut un réquisitoire contre le « libéralisme universel », le « fanatisme de l'universel » et l'« internationalisme libéral ». Ce plaidoyer pour l'avènement d'un « ordre des États nationaux » entend mettre fin aux valeurs supranationales promues, avec la Déclaration universelle des droits de l'homme, par René Cassin à l'issue de la Seconde Guerre mondiale, dans la conscience que des États-nations pouvaient devenir les pires ennemis du genre humain.

Le nationalisme intégral et radical défendu par Yoram Hazony implique que les nations ne doivent avoir de comptes à rendre qu'à elles-mêmes, refusant « de transférer les pouvoirs du gouvernement à des institutions universelles » : « Nous ne devrions pas tolérer que la moindre parcelle de notre liberté soit transmise à des institutions étrangères, quelle qu'en soit la raison. Il en va de même par rapport aux lois qui ne sont pas celles de notre propre nation. » Ce rejet de tout principe universel accompagne une conception ethnique de la nation, revendiquant son « homogénéité interne » face aux « minorités nationales et tribales » dont les revendications pourraient la défaire. Ce que résume ce précepte : « Rien n'est plus manifestement opposé aux objectifs du gouvernement politique que l'élargissement contre nature des États, le mélange sauvage de différentes races et de différentes nationalités sous un seul sceptre. »

Cité et revendiqué par Yoram Hazony, cet éloge de la séparation et ce refus du mélange est d'un auteur du XVIIIe siècle, Johann Gottfried Herder, inspirateur du romantisme allemand, critique de la philosophie des Lumières et source d'inspiration des nationalismes d'avant la catastrophe européenne. Avec cette référence, c'est une très vieille histoire qui fait retour, minutieusement retracée par Maurice Olender dans *Les Langues du Paradis*. Herder, rappelle-t-il, contribua « à la mise en place des discours aryano-sémitiques tels qu'ils traversent les sciences de l'humanité durant tout le XIXe siècle ». Sa vision hiérarchique des cultures et des religions, souligne-t-il encore, plaçait l'Occident chrétien au-dessus de toutes les autres, ne tolérant plus « aucune ombre venue d'ailleurs ».

Nous voici donc revenus en arrière : à la première mouture du nationalisme, celle-là même dont l'humanité, dans la première moitié du XXe siècle, a subi les ravages tant fascisme et nazisme en furent les produits. L'influence de l'œuvre de Herder en fut l'un des ingrédients majeurs au point qu'en France, Ernest Renan comme Maurice Barrès s'y référaient. Dans son « Histoire des haines nationalistes », intitulée *« La France aux Français »*, l'historien Pierre Birnbaum campe Herder en inventeur du nationalisme comme alternative à l'universel : « Il propose une vision organiciste de la nation au fondement ethnique récusant l'universalisme individualiste des Lumières » qui se combine « avec un populisme antiétatique profondément mobilisateur ». Mais c'est l'historien israélien Zeev Sternhell qui en propose la lecture la plus critique, dans une réponse anticipée à son compatriote Yoram Hazony.

Herder, rappelle-t-il dans l'édition augmentée, en 2000, de son *Maurice Barrès et le nationalisme français*, est le fondateur de l'historicisme dont la vision particulariste de l'histoire humaine s'oppose radicalement « au droit naturel, à l'intellectualisme, à l'universalisme et au rationalisme ». Détruisant « l'idée d'une commune nature humaine, d'une raison universelle d'où émane une loi de nature universelle », cette pensée est « une attaque globale de l'idée de progrès des Lumières françaises » et, à ce titre, « le premier assaut vraiment moderne contre la démocratie libérale ». Soulignant l'influence « énorme » de Herder en France, Zeev Sternhell n'hésite pas à voir, dans son rejet des valeurs universelles parce qu'étrangères aux nations, la source, *via* le nationalisme de la terre et des morts qu'exprime Maurice Barrès, de la Révolution nationale de Vichy, ce « particularisme national et racial » fondé sur « l'idée selon laquelle ne peuvent participer du même héritage culturel que des hommes unis par des liens de sang ».

Ce passé est donc bien un présent. Ces idées ne sont plus d'hier mais d'aujourd'hui. À partir d'une expérience française, la mise en garde de l'« Appel à la vigilance » anticipait une question devenue internationale : le retour en force des nationalismes identitaires sous des régimes démocratiques électifs, ayant en commun leur détermination à mettre à bas tout principe universel s'imposant aux États, en premier lieu l'égalité des droits au sein du genre humain. En arrière-plan de l'alerte sur la responsabilité des intellectuels et des journalistes, ses initiateurs et signataires pressentaient les conséquences redoutables de plaidoyers nationalistes qui, sous couvert de tradition républicaine, faisaient la promotion de l'habituel cheval de Troie des idéologies inégalitaires, xénophobes et racistes : l'identité. L'identité entendue comme une essence, une donnée, un héritage, une tradition, qui serait menacée par le mouvement du dehors et d'ailleurs. Une identité fantasmée et mythique, devenue le mot de ralliement des pensées du déclin et de la décadence où fermentent les appels à une renaissance autoritaire par le rejet du monde et des autres, des désordres et des mélanges.

Début 1993, alors que Maurice Olender ébauchait à peine l'« Appel à la vigilance », un livre parut qui en souligna la nécessité. Ce *Voyage au centre du malaise français* de Paul Yonnet, qui avait pour sujet d'étude « l'antiracisme et le roman national », s'en prenait à « l'exigence d'extinction de l'identité française » que, selon lui, charriait l'antiracisme. S'alarmant de la destruction du « roman national français » par « le droit-de-l'hommisme à vocation universaliste » et évoquant « la crainte phobique d'une colonisation de peuplement par l'étranger », il se concluait sur l'affirmation que « l'antiracisme veut dissoudre la France dans le monde, et, sans attendre, faire du réduit hexagonal le laboratoire chimérique d'une nouvelle Cythère panethnique ». Or ce délire, que ne renieraient pas les actuels tenants du « grand remplacement », loin d'être tenu aux marges de la vie intellectuelle, fut alors publié sous le label de l'honorable revue *Le Débat*, aux éditions Gallimard.

Preuve de la pertinence et de la persistance de la querelle de 1993, ce livre a été réédité en 2022, dans une autre maison d'édition, en tant que « bon repère pour l'institutionnalisation médiatique du déni des problèmes soulevés par l'immigration ». La formule est de son préfacier, Marcel Gauchet, qui fut le principal animateur, aux côtés de l'historien Pierre Nora, de la revue *Le Débat* jusqu'à son arrêt en 2020. Confirmant sa conversion au conservatisme le plus rance, cet intellectuel venu de la gauche, voire de l'extrême gauche dans sa jeunesse, ajoute : « L'immigrationnisme opère un détournement du "roman national" français aux perspectives ravageuses. La vocation de la "patrie des droits de l'homme", selon cette relecture, n'est autre, en fin de compte, que de disparaître en tant que patrie singulière, au nom des droits universels de ceux qui demandent à la rejoindre. » Pour que ce soit encore plus clair, le journaliste Éric Conan, chargé de la postface, s'en prend à « une immigration d'origine musulmane problématique par ses apports culturels régressifs » et s'inquiète d'un antiracisme qui a voulu « solder la fierté française ».

En langage plus cru, reprenant une antienne de l'Action française, le Front national, devenu aujourd'hui le Rassemblement national, avait dénoncé, au lendemain de la parution de l'« Appel à la vigilance », « l'anti-France qui ne désarme pas » et sa « quarantaine de pelés totalement liés aux lobbies cosmopolites et mondialistes». «Lynchage médiatique», «police de la pensée», «maîtres censeurs», «maccarthysme», «loi du soupçon», «dictature des minorités», etc. : la violence contre l'appel fut à la mesure de son bien-fondé, avec son lot d'invectives personnelles. Connue pour ses travaux sur le négationnisme dont *Fabrication d'un antisémite* offrit la somme en 1999, l'historienne Nadine Fresco, qui fut l'une des chevilles ouvrières de l'initiative, eut même droit à des attaques sur sa vie privée et familiale dans la presse de la Nouvelle Droite. Mais ces bassesses furent relativisées par l'important succès civique de l'appel, dont témoigna un abondant courrier collationné par l'historienne Arlette Farge qui en fit la synthèse dans *Le Monde* du 24 novembre 1993.

«La communauté de ton, constatait-elle, vient du sentiment partagé qu'il est devenu nécessaire et urgent d'agir face aux multiples stratégies de légitimation de l'extrême droite. Ce sentiment paraît avoir été enfoui, depuis longtemps, en chacun mais entravé par la conscience de ne savoir que faire. Cette urgence s'exprime fortement en chaque lettre, comme si s'ouvrait soudain une porte qu'on croyait fermée, comme si se trouvait soudain éveillée, dans l'intimité de chacun, une conviction qui ne demandait qu'à s'exprimer et à être relayée par des actes collectifs.»

Cet impact citoyen fut prolongé par des séminaires mensuels durant une année, jusqu'à la republication de l'appel, à sa date anniversaire, le 13 juillet 1994, dans *Le Monde*, accompagné de plus de mille cinq cents signatures venues de toute l'Europe, en particulier d'Allemagne et d'Italie. Auparavant, le 26 mai 1994, un « Comité Appel à la vigilance » avait été déclaré à la Préfecture de police de Paris dont le *Journal officiel* du 22 juin précise l'objet : « Organiser des séminaires, des colloques ; éditer des publications ». Toutefois, cette officialisation fut sans lendemain.

Le contexte politique n'y est sans doute pas indifférent. À l'automne 1994, François Mitterrand, encore président de la République pour quelques mois – son mandat s'achève le 17 mai 1995 –, est rattrapé par sa jeunesse d'extrême droite et son passé pétainiste, réalités historiques qu'il avait préféré cacher plutôt que de les assumer, en rendant compte de son cheminement vers la gauche. La révélation de ses liens maintenus avec René Bousquet, le secrétaire général de la police du régime de Vichy, acheva de semer le trouble et la division à gauche, particulièrement parmi les socialistes. Sans compter que ce refus de reconnaître la compromission française avec le nazisme s'accompagnait d'une même amnésie volontaire sur les crimes coloniaux, dont François Mitterrand fut un protagoniste sous la IVe République, durant la guerre d'Algérie.

Le « comité » qu'appelait de ses vœux le poète Yves Bonnefoy fit donc long feu. Avec le recul, la solitude politique de l'« Appel à la vigilance » est flagrante – son isolement médiatique aussi, à l'exception notable du *Monde* qui l'avait promu. Comme s'il était déjà trop tard pour que l'urgence citoyenne réveille des partis et des gouvernants ayant, pour nombre d'entre eux, déjà cédé aux sirènes de l'identité, à force d'adopter l'agenda de l'extrême droite sur l'immigration. À moins que l'explication ne se trouve du côté d'une question française toujours en suspens, non résolue et non assumée ?

C'était l'hypothèse qu'avançait déjà Umberto Eco dans son entretien au *Monde* du 5 octobre 1993, en réponse à une question de Roger-Pol Droit sur le fait que la nécessité d'une nouvelle forme de vigilance « contre les “lieux de capture” de l'extrême droite ne soit pas une évidence unanimement partagée à gauche ». « Il y a une situation historique particulière à la France, répond-il. L'Italie a réglé clairement ses comptes avec le fascisme. On sait qui soutenait Mussolini et qui le combattait. On en a beaucoup parlé, et le passé est presque sans ambiguïtés. En lisant les journaux français, je vois au contraire qu'on discute encore pour savoir qui était pour Vichy et qui était contre. La France a encore ses armoires pleines de squelettes oubliés, dont on ne sait pas d'où ils viennent. Cela complique les choses, et les explique peut-être. »

L'aventure de l'« Appel à la vigilance » se conclut les 6 et 7 décembre 1997, à l'abbaye d'Ardenne de Caen où était en train de s'installer l'Institut Mémoires de l'édition contemporaine. « Que peut la pensée face à l'extrême droite ? » y fut le thème d'un colloque, à l'enseigne de la « vigilance des intellectuels », dont hélas les actes n'ont pas été publiés. Umberto Eco en fut l'un des intervenants, prolongeant la réflexion que lui avait inspirée l'appel et dont il avait fait la matière d'une conférence, donnée le 25 avril 1995 à l'université de Columbia de New York.

« Reconnaître le fascisme » : sous cet intitulé, son propos interpelle celles et ceux qui ne savent plus le distinguer à force de lui avoir cédé du terrain. À l'instar, par exemple, d'Alain Finkielkraut dont, en 1993, la réponse aux vigilants avait été définitive : « Je ne crois pas qu'il y ait aujourd'hui recrudescence de l'idéologie d'extrême droite. » Tentant, sous l'appellation d'« Ur-fascisme », de cerner les caractéristiques typiques du « fascisme primitif et éternel », Umberto Eco énumère notamment le culte de la tradition, le refus du modernisme, la peur de la différence et l'obsession du complot – réalités que nous avons souvent croisées durant cette réminiscence.

Puis il conclut en ces termes, qui n'ont pas vieilli : « L'Ur-fascisme est toujours autour de nous, parfois en civil. Ce serait tellement plus confortable si quelqu'un s'avançait sur la scène du monde pour dire : "Je veux rouvrir Auschwitz, je veux que les chemises noires reviennent parader dans les rues italiennes !" Hélas, la vie n'est pas aussi simple. L'Ur-fascisme est susceptible de revenir sous les apparences les plus innocentes. Notre devoir est de le démasquer, de montrer du doigt chacune de ses nouvelles formes – chaque jour, dans chaque partie du monde. »

8.

« Le vrai courage c'est, au-dedans de soi, de ne pas céder, ne pas plier, ne pas renoncer. Être le grain de sable que les plus lourds engins, écrasant tout sur leur passage, ne réussissent pas à briser. »

Tirée de son dernier livre, *La Traversée des frontières*, cette déclaration de Jean-Pierre Vernant, lors d'une remise du diplôme de docteur *honoris causa* par une université tchèque, figure en exergue de *Race sans histoire*. Ce choix de Maurice Olender ne surprend pas tant les deux hommes furent proches, l'éditeur ayant été l'accoucheur d'un succès de librairie de l'helléniste, *L'Univers, les Dieux, les Hommes*, ces récits grecs des origines inspirés des histoires racontées le soir à son petit-fils par ce formidable conteur qu'était « Jipé », comme nous l'appelions tous. L'un de leurs protagonistes est le devin Tirésias qui est aveugle. Ce qui ne l'empêche pas de voir ce que, malgré leurs yeux grands ouverts, les mortels humains ne voient pas, ne voient plus ou ne veulent pas voir. En somme, aveugle à l'inessentiel pour mieux discerner l'essentiel.

Le texte qui conclut *La Traversée des frontières* s'intitule « Franchir un pont ». En voici les dernières lignes : « Pour être soi, il faut se projeter vers ce qui est étranger, se prolonger dans et par lui. Demeurer enclos dans son identité, c'est se perdre et cesser d'être. On se connaît, on se construit par le contact, l'échange, le commerce avec l'autre. Entre les rives du même et de l'autre, l'homme est un pont. » Sous ses divers atours, l'extrême droite réunit les idées et les actes qui veulent détruire ce pont, rompre ce lien, empêcher cet échange.

Militant antifasciste résolu, résistant de la première heure, Jean-Pierre Vernant est mort le 9 janvier 2007 sans avoir été témoin de ce moment où un président de la République leur a officiellement donné droit de cité. C'était en 2009, quand Nicolas Sarkozy voulut lancer un grand débat sur l'« identité nationale ». Depuis, les vannes sont restées grandes ouvertes, l'actuel président français, Emmanuel Macron, créditant son prédécesseur, qu'il consulte et mandate, d'avoir eu une fructueuse « intuition » avec laquelle il joue volontiers à son tour.

« Nous ne débattrons pas » : ce fut, en 2009, la réplique de Mediapart, rassemblant des dizaines de milliers de signatures dans une démarche qui n'était pas sans rappeler l'« Appel à la vigilance ». Ce texte-là, lui aussi, vaut toujours, comme s'il était écrit pour aujourd'hui.

« Par principe, nous sommes favorables au débat, disions-nous à l'époque. À sa liberté, à sa pluralité, à son utilité. C'est pourquoi nous refusons le "grand débat sur l'identité nationale" organisé par le pouvoir : parce qu'il n'est ni libre, ni pluraliste, ni utile. Il n'est pas libre car c'est le gouvernement qui le met en scène, qui pose les questions et qui contrôle les réponses. Il n'est pas pluraliste car sa formulation réduit d'emblée notre diversité nationale à une identité unique. Il n'est pas utile car cette manœuvre de diversion est une machine de division entre les Français et de stigmatisation envers les étrangers. Affaire publique, la nation ne relève pas de l'identité, affaire privée. Accepter que l'État entende définir à notre place ce qui nous appartient, dans la variété de nos itinéraires, de nos expériences et de nos appartenances, c'est ouvrir la porte à l'arbitraire, à l'autoritarisme et à la soumission. La République n'a pas d'identité assignée, figée et fermée, mais des principes politiques, vivants et ouverts. »

Maurice Olender fut évidemment des tout premiers signataires de cet autre appel. Comme il fut des premiers amis de Mediapart, entraînant tous les siens dans un soutien indéfectible à notre impossible pari qu'accompagnait sa curiosité pour la révolution numérique et son engagement pour la liberté de la presse. Grâce à cette complicité, un livre pionnier, mais oublié, fut réédité, dans sa collection au Seuil, un demi-siècle après sa première parution, en 1968 : *La Presse, le pouvoir et l'argent*, de Jean Schwœbel, figure fondatrice de la Société des rédacteurs du *Monde*. Le philosophe Paul Ricœur en avait écrit la préface dont le propos rejoint la raison d'être de cet hommage à Maurice Olender, en sus de l'amitié. Je l'ai aussi écrit pour le métier que j'exerce, le journalisme. Pour sa dignité professionnelle et sa responsabilité démocratique.

« La lutte pour l'indépendance des rédacteurs de presse, face au Pouvoir et à l'Argent, est un combat avec et contre le reste des *mass media*, affirme Paul Ricœur. Ceux-ci ont deux pentes : descendante et montante. La pente descendante, c'est celle de la presse commercialisée, pour qui l'information est une marchandise. Soumise aux impératifs de la publicité et des gros tirages, livrée à la recherche du sensationnel, elle amplifie les préjugés et les haines, et entretient l'égoïsme collectif des nations nanties, le chauvinisme instinctif et le racisme latent de la population. La presse de qualité est alors responsable non seulement d'informer sur les faits et les événements, mais encore de "parler contre" les préjugés de la foule. Ce que le public doit réclamer, ce dont il doit avoir l'appétit, c'est d'une presse qui résiste à cette pesanteur des *mass media* et lutte contre la tentation de manipuler, de dégrader, et parfois d'avilir, qui est celle de la presse commercialisée. »

Nombreux sont les grains de sable discrètement semés par Maurice Olender sur le chemin des lourds engins, et qui leur résistent toujours, et qui leur résisteront encore. Lui qui aimait faire parler les mots en fouaillant leur étymologie savait que notre mot français « scrupule » est emprunté du latin *scrupulus*, diminutif de *scrupus* qui désigne une pierre pointue. Le *scrupulus* était cette petite pierre qui, glissée dans une sandale, gêne la marche du légionnaire romain au point de le contraindre à s'arrêter.

C'est ce que fut l'« Appel à la vigilance », cet appel pour prendre conscience de la fragilité inhérente à tout système démocratique : un scrupule, tout simplement.

Annexe

L'appel du 13 juillet 1993

Nous sommes préoccupés par la résurgence, dans la vie intellectuelle française et européenne, de courants antidémocratiques d'extrême droite. Nous sommes inquiets du manque de vigilance et de réflexion à ce sujet. C'est pourquoi certains d'entre nous ont commencé, depuis le mois de janvier 1993, à se réunir régulièrement afin d'échanger des informations et d'approfondir ces questions.

Que des idéologues d'extrême droite déploient une activité d'auteurs et d'éditeurs au sein de réseaux antidémocrates et néonazis n'est pas un fait nouveau. Mais cette activité ne se cantonne plus désormais dans une sorte de clandestinité. Sa visibilité nouvelle la rend donc aisément vérifiable à qui veut bien prendre la peine de se renseigner.

Or les mêmes ont entrepris depuis un certain temps de faire croire qu'ils avaient changé. Ils mènent pour cela une large opération de séduction visant des personnalités démocrates et des intellectuels, dont certains connus pour être de gauche. Mal informés de cette activité et de ces réseaux, ou les ignorant tout à fait, ceux-ci ont accepté de signer des articles dans des revues dirigées par ces idéologues. Une fois piégées, ces signatures accréditent évidemment l'idée que le prétendu changement est une réalité.

Cette opération n'est pas isolée. Elle s'inscrit au contraire dans l'actuelle stratégie de légitimation de l'extrême droite, qui fait feu de tout bois. Cette stratégie profite de la multiplication de dialogues et de débats autour, par exemple, de ce qu'on appelle pour le moins légèrement la fin des idéologies, de la disparition supposée de tout clivage politique entre la gauche et la droite, du renouveau présumé des idées de nation et d'identité culturelle. Cette stratégie se nourrit aussi de la dernière thèse à la mode, qui dénonce l'antiracisme comme à la fois « ringard » et dangereux.

De la part des auteurs, des éditeurs et des responsables de la presse écrite et audiovisuelle, ces manœuvres ne semblent pas encore susciter la défiance qui s'impose. Par manque d'information ou de vigilance, par scrupule envers la liberté d'expression, par souci d'une tolérance sans limites, bon nombre d'entre eux, et des plus estimables, font aujourd'hui, sans le vouloir, le jeu de cette opération de légitimation.

À la faveur de ces complicités involontaires, nous craignons de voir prochainement se banaliser dans notre vie intellectuelle la présence de discours qui doivent être combattus parce qu'ils menacent tout à la fois la démocratie et les vies humaines. Nous ne pouvons en effet oublier que les propos de l'extrême droite ne sont pas simplement des idées parmi d'autres, mais des incitations à l'exclusion, à la violence, au crime.

C'est pourquoi, en ce mois de juillet 1993, nous avons résolu de fonder un comité « Appel à la vigilance », qui se donne pour tâche de collecter et de faire circuler le plus largement possible toute information utile pour comprendre les réseaux de l'extrême droite et leurs alliances dans la vie intellectuelle (édition, presse, universités), et de prendre position publiquement sur toute affaire relative à ces questions.

Nous nous engageons à refuser toute collaboration à des revues, des ouvrages collectifs, des émissions de radio et de télévision, des colloques dirigés ou organisés par des personnes dont les liens avec l'extrême droite seraient attestés.

La France, à l'évidence, n'est pas le seul pays européen où se développent ces diverses stratégies. C'est pourquoi nous appelons à une Europe de la vigilance en conviant toute personne qui approuve notre initiative à signer ce manifeste.

Premiers signataires :

Miguel Abensour, Henri Atlan, Marc Augé, Lothar Baier, Norbert Bensaïd, Yves Bonnefoy, Pierre Bourdieu, Georges Charpak, Claude Cohen-Tannudji, Michel Deguy, Jacques Derrida, Louis-René des Forêts, Georges Duby, Olivier Duhamel, Jacques Dupin, Umberto Eco, Arlette Farge, Lydia Flem, Nadine Fresco, Jacques Glowinski, Françoise Héritier, Yves Hersant, François Jacob, K. S. Karol, Jean-Marie Lehn, Nicole Loraux, Patrice Loraux, Charles Malamoud, André Miquel, Philippe Nozières, Maurice Olender, Michelle Perrot, Évelyne Pisier, Léon Poliakov, Jean Pouillon, Jacques Revel, Rossana Rossanda, Jean-Pierre Vernant, Lucy Vines, Paul Virilio.

Pour prolonger

Ce livre honore une dette d'amitié. Il est né d'une promesse, faite à Maurice Olender dans les semaines qui ont précédé son décès soudain, d'une fibrose pulmonaire, le 27 octobre 2022 à Bruxelles.

Alors que je travaillais au *Monde*, j'ai été le témoin de l'élaboration et de la publication de l'« Appel à la vigilance ». Avec Olivier Biffaud, je fus alors le coauteur d'une enquête sur la galaxie rouge-brune qui précéda sa parution, le 13 juillet 1993.

Outre le recours à ma documentation personnelle, aux enquêtes sur l'extrême droite de Mediapart ainsi qu'aux archives en ligne du *Monde*, je me suis remis en mémoire le contexte et le climat de cette époque, les échanges entre les signataires de l'appel, les réactions que leur initiative suscita et les violentes attaques qu'ils subirent, en consultant les douze cartons d'archives sur l'appel, confiées par Maurice

Olender à l'Institut Mémoires de l'édition contemporaine (IMEC) à l'abbaye d'Ardenne de Caen.

À l'attention des lectrices et lecteurs qui voudraient prolonger ou approfondir, j'ai réuni ici, à la suite des ouvrages de Maurice Olender, les livres qui m'ont accompagné dans l'écriture.

De Maurice Olender

Le Racisme, mythes et sciences. Pour Léon Poliakov, (sous la dir.), Éditions Complexe, Bruxelles, 1981.

La Science face au racisme, *Le Genre humain* (dir.), n° 1, 1981.

Les Langues du Paradis. Aryens et Sémites : un couple providentiel, préface de Jean-Pierre Vernant, Gallimard/Seuil, coll. « Hautes Études », 1989 ; édition revue et augmentée, « Points », 2002.

Faut-il avoir peur de la démocratie ?, *Le Genre humain* (dir.), n° 26, 1992.

La Chasse aux évidences. Sur quelques formes de racisme entre mythe et histoire, Galaade, Paris, 2005.

Race sans histoire, « Points », 2009.

Un fantôme dans la bibliothèque, Seuil, coll. « La librairie du XXIe siècle », Paris, 2017.

Singulier Pluriel, édité et préfacé par Christine Marcandier, Seuil, Paris, 2020.

Bibliographie

Hannah Arendt, *Les Origines du totalitarisme. Eichmann à Jérusalem*, édition établie sous la direction de Pierre Bouretz, Gallimard, coll. « Quarto », Paris, 2002.

Hannah Arendt, *Vérité et politique* (1967), in *Crise de la culture*, « Folio Essais », Paris, 1972.

Hannah Arendt, *Journal de pensée*, vol. 2, mars 1954-1973, Seuil, Paris, 2005.

Serge Audier, *La Pensée anti-68. Essai sur les origines d'une restauration intellectuelle* (2008), postface inédite de l'auteur, La Découverte-Poche, Paris, 2009.

Lothar Baier, *L'Entreprise France*, traduit de l'allemand par Jean-Luc Tiesset, Calmann-Lévy, Paris, 1989.

Ludivine Bantigny et Julien Théry-Astruc, « Marcel Gauchet ou le consensus conservateur. Enquête sur un intellectuel de pouvoir », *La Revue du Crieur*, n° 1, La Découverte-Mediapart, Paris, 2015.

Pierre Birnbaum, *« La France aux Français ». Histoire des haines nationalistes* (1993), Seuil, Paris, 2006.

Johann Chapoutot, *La Loi du sang. Penser et agir en nazi*, Gallimard, coll. « Bibliothèque des Histoires », Paris, 2014.

Johann CHAPOUTOT, *La Révolution culturelle nazie*, Gallimard, coll. « Bibliothèque des Histoires », Paris, 2017.

Jean-Pierre CHRÉTIEN (dir.), *Rwanda. Les médias du génocide* (1995), nouvelle édition, revue et augmentée, Karthala, Paris, 2002.

Jean-Pierre CHRÉTIEN et Marcel KABANDA, *Rwanda. Racisme et génocide. L'idéologie hamitique*, Belin, Paris, 2013.

Joseph CONFAVREUX et Marine TURCHI, « Aux sources de la nouvelle pensée unique. Du chevènementisme au FN : l'ascension d'une république conservatrice et nationaliste », *La Revue du Crieur*, n° 2, La Découverte-Mediapart, Paris, 2015.

Philippe CORCUFF, *La Grande Confusion. Comment l'extrême droite gagne la bataille des idées*, Textuel, coll. « Petite encyclopédie critique », Paris, 2020.

Marcel DETIENNE, *Comparer l'incomparable*, Seuil, coll. « La librairie du XXe siècle », Paris, 2000.

Marcel DETIENNE, *Comment être autochtone. Du pur Athénien au Français raciné*, Seuil, coll. « La librairie du XXIe siècle », Paris, 2003.

Umberto ECO, *Reconnaître le fascisme*, traduit de l'italien par Myriem Bouzaher, Grasset, Paris, 2017.

Michaël FŒSSEL, *Récidive 1938* (2019), « Deux ans après », postface inédite, PUF, Paris, 2021.

Nadine Fresco, *Fabrication d'un antisémite*, Seuil, coll. « La librairie du xxe siècle », Paris, 1999.

Nadine Fresco, *La Mort des juifs*, Seuil, coll. « La librairie du xxie siècle », Paris, 2008.

Édouard Glissant, *Poétique de la Relation*, Gallimard, Paris, 1990.

Édouard Glissant, *Quand les murs tombent. L'identité nationale hors-la-loi ?* (avec Patrick Chamoiseau), Galaade, Paris, 2009.

Yoram Hazony, *Les Vertus du nationalisme*, préface de Gilles-William Goldnadel, traduit de l'américain par Julien Fummaro, Jean-Cyrille Godefroy, coll. « Le Cercle Aristote », Paris, 2020.

Razmig Keucheyan, « Alain de Benoist, du néofascisme à l'extrême droite "respectable". Enquête sur une success story intellectuelle », *La Revue du Crieur*, n° 6, La Découverte-Mediapart, Paris, 2017.

Victor Klemperer, *LTI, la langue du Troisième Reich. Carnets d'un philologue*, traduit par Élisabeth Guillot, présenté par Sonia Combe et Alain Brossat, Albin Michel, coll. « Bibliothèque Idées », Paris, 1996.

Daniel Lindenberg, *Le Rappel à l'ordre. Enquête sur les nouveaux réactionnaires* (2002), nouvelle édition avec une postface inédite, Seuil, coll. « La Républiques des idées », Paris, 2016.

Antoine Lilti, *L'Héritage des Lumières. Ambivalences de la modernité*, EHESS/Gallimard/Seuil, coll. « Hautes Études », Paris, 2019.

Nicole Loraux, *La Tragédie d'Athènes. La politique entre l'ombre et l'utopie*, Seuil, coll. « La librairie du XXIe siècle », Paris, 2005.

René Monzat, *Enquêtes sur la droite extrême*, Le Monde Éditions, Paris, 1992.

René Monzat, *Les Voleurs d'avenir. Pourquoi l'extrême droite peut avoir de beaux jours devant elle*, Textuel, coll. « La discorde », Paris, 2004.

George L. Mosse, *La Révolution fasciste. Vers une théorie générale du fascisme,* traduit de l'anglais par Jean-François Sené, Seuil, Paris, 2003.

Robert O. Paxton, *Le Fascisme en action*, traduit de l'anglais (États-Unis) par William Olivier Desmond (avec la collaboration de l'auteur), Seuil, Paris, 2004.

Florent Piton, *Le Génocide des Tutsi du Rwanda*, La Découverte, Paris, 2018.

Léon Poliakov, *Le Mythe aryen. Essai sur les sources du racisme et des nationalismes*, Calmann-Lévy, Paris, 1971.

Pierre Rosanvallon, *Notre histoire intellectuelle et politique 1968-2018*, Seuil, coll. « Les livres du nouveau monde », Paris, 2018.

Jean SCHWŒBEL, *La Presse, le Pouvoir et l'Argent* (1968), préface de Paul Ricœur, avant-propos d'Edwy Plenel, Seuil, coll. « La librairie du XXIe siècle », Paris, 2018.

David SHULMAN, *Ta'ayush. Journal d'un combat pour la paix Israël-Palestine 2002-2005*, préface de Charles Malamoud, traduit de l'anglais par Tiphaine Samoyault, Seuil, coll. « La librairie du XXIe siècle », Paris, 2006.

David SHULMAN, *Un si sombre espoir. Sur les collines du sud d'Hébron*, préface de Maurice Olender, traduit de l'anglais par Michèle Hechter, Seuil, coll. « La librairie du XXIe siècle », Paris, 2021.

Zeev STERNHELL, *Maurice Barrès et le nationalisme français* (1972), nouvelle édition augmentée d'un essai inédit, Fayard, Paris, 2000.

Pierre-André TAGUIEFF, *La Force du préjugé. Essai sur le racisme et ses doubles*, La Découverte, coll. « Armillaire », Paris, 1988.

Pierre-André TAGUIEFF (dir), *Face au racisme*, tomes 1 et 2, La Découverte, Paris, 1991.

Tzvetan TODOROV, *Nous et les autres. La réflexion française sur la diversité humaine*, Seuil, coll. « La couleur des idées », Paris, 1989.

Tzvetan TODOROV, *Les Ennemis intimes de la démocratie*, Robert Laffont, Paris, 2012.

Enzo TRAVERSO, *La Violence nazie. Une généalogie européenne*, La Fabrique, Paris, 2002.

Enzo TRAVERSO, *À feu et à sang. De la guerre civile européenne 1914-1945*, Stock, coll. « Un ordre d'idées », Paris, 2007.

Jean-Pierre VERNANT, *Œuvres*, tomes I et II, Seuil, Paris, 2007.

Paul YONNET, *Voyage au centre du malaise français. L'antiracisme et le roman national* (1993), préface de Marcel Gauchet, postface d'Éric Conan, L'Artilleur, Paris, 2022.

Du même auteur

aux mêmes éditions

Pour les musulmans, 2014 ; La Découverte-Poche, 2016, 2021.

La Victoire des vaincus. À propos des Gilets jaunes, 2019.

La Sauvegarde du peuple. Presse, liberté et démocratie, 2020.

Le Président de trop, précédé de « La question française », La Découverte-Poche, 2021.

À gauche de l'impossible, La Découverte, 2021.

chez d'autres éditeurs

La République inachevée. L'État et l'école en France, Payot, 1985 ; Stock, 1997 ; « Biblio », 1999.

Voyage avec Colomb, Le Monde éditions, 1991.

La Part d'ombre, Stock, 1992 ; Gallimard, « Folio Actuel », 1994.

Un temps de chien, Stock, 1994 ; Gallimard, « Folio Actuel », 1996.

Les Mots volés, Stock, 1997 ; Gallimard, « Folio Actuel », 1999.

L'Épreuve, Stock, 1999.

Secrets de jeunesse, Stock, 2001 ; Gallimard, « Folio », 2003.

La Découverte du monde, Stock, 2002 ; Gallimard, « Folio », 2004.

Le Journaliste et le Président, Stock, 2006.

Procès, Stock, 2006 ; Gallimard, « Folio », 2007.

Chroniques marranes, Stock, 2007.

Combat pour une presse libre, Galaade, 2009.

Le Droit de savoir, Don Quichotte, 2013 ; Points, 2014.

Dire non, Don Quichotte, 2014 ; Points, 2015.

La Troisième Équipe. Souvenirs de l'affaire Greenpeace, Don Quichotte, 2015 ; Points, 2016.

Dire nous, Don Quichotte, 2016 ; Points, 2017.

Voyage en terres d'espoir, Éditions de l'Atelier, 2016.

Le Devoir d'hospitalité, Bayard, 2017.

La Valeur de l'information, Don Quichotte, 2018 ; Points, 2019.

Tous les films sont politiques. Avec Costa-Gavras, Points, 2021.

L'Épreuve et la Contre-épreuve, Stock, 2022.

EN COLLABORATION

L'Effet Le Pen, avec Alain Rollat, La Découverte-Le Monde, 1984.

Mourir à Ouvéa. Le tournant calédonien, avec Alain Rollat, La Découverte-Le Monde, 1988.

L'Affaire Clichy, avec Jean-Pierre Mignard et Emmanuel Tordjman, Stock, 2006.

Devoirs de vérité, avec François Hollande, Stock, 2006.

Le 89 arabe, avec Benjamin Stora, Stock, 2011.

Notre France, avec Farouk Mardam Bey et Elias Sanbar, Sindbad/Actes Sud, 2011.

#lisez engagé !
www.lisez.com

Cet ouvrage est imprimé
sur du papier issu de forêts
gérées durablement.

FIRMIN-DIDOT
27650 Mesnil-sur-l'Estrée

Composition DV Arts Graphiques, La Rochelle.
Achevé d'imprimer par CPI Firmin Didot
à Mesnil-sur-l'Estrée.
Dépôt légal du 1er tirage : mars 2023
Suite du 1er tirage (3) : mai 2023
Numéro d'imprimeur : 175256
Imprimé en France